선교적 신학

Copyright © 2019 by John R. Franke
Originally published in English under the title
Missional Theology
Published by Baker Academic a division of Baker
Publishing Group PO Box 6287, Grand Rapids, MI 49516-6287
All rights reserved.

Used and translated by Baker Academic through rMaeng2, Seoul, Korea

This Korean edition copyright © 2023 by Solomon Publishing Co.

선교적 신학

2023년 8월 22일 1쇄 인쇄
2023년 8월 28일 1쇄 발행

지은이 | 존 R. 프랭키
옮긴이 | 안건상
펴낸이 | 박영호
펴낸곳 | 도서출판 솔로몬

주소 | 서울시 동작구 사당로 143
전화 | 599-1482
팩스 | 592-2104
직영서점 | 596-5225

등록일 | 1990년 7월 31일
등록번호 | 제 16-24호

ISBN 978-89-8255-618-0 03230

2019 © John R. Franke
Korean Copyright © 2023
by Solomon Publishing Co., Seoul, Korea

본서의 한국어판 저작권은 알맹2 에이전시를 통하여
Baker Academic과 독점 계약한 도서출판 솔로몬에 있습니다.
저작권법에 의하여 한국 내에서 보호를 받는 저작물이므로 무단전재와 복제를 금합니다.

MISSIONAL THEOLOGY

선교적 신학

존 R. 프랭키 지음 / 안건상 옮김

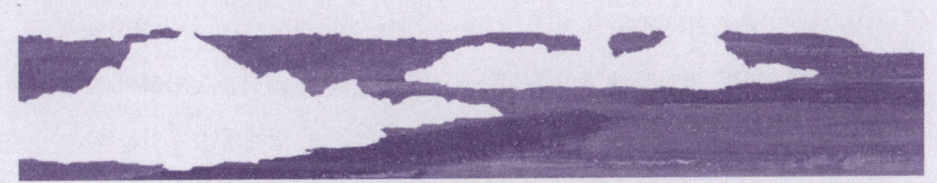

솔로몬

추천의 글

이 책에서 존 프랭키는 다양한 목소리로부터 자신이 수집한 바를 가상 선언문으로 만드는 장엄한 작업을 했다. 그는 신학에 대한 선교적 접근이 어떤 것인지를 깊고 넓게 발전시킨다. 그의 건설적인 작업은 모두가 따라야 할 명확하고 설득력 있는 의제를 제공한다. 이 책은 교회와 학문 모두에 매우 중요하다.

— 조지 훈스버거, 웨스턴 신학대학원 명예 교수

선교적 신학, 그 시작, 신학 및 성경적 토대, 그리고 교회와 세상과의 미래 관련성에 관한 통찰을 얻을 훌륭한 입문서를 원하는 사람이라면 이 책을 반드시 읽어야 한다. 프랑키는 선교적 대화를 처음 접하는 사람들과 그것에 대해 잘 아는 사람들에게 하나님의 선교(missio Dei)에 대해 깊이 반성하고 (다시) 참여할 기회를 제공한다. 백인성과 백인 우월주의로 인한 처참한 해석을 포함하여 그것이 선교적 신학을 위해 과거에 어떤 의미가 있었는지, 현재에는 무엇을 의미하는지, 그리고 선교적 신학 운동이 '권력을 가진 자들'을 탈중심화하고, 대화에서 목소리의 범위를 넓히며, '말하기보다 들을 준비가 되어' 다가오는 미래에 대한 가능성이다.

— 리사 보웬스, 프린스턴 신학대학원

선교적 신학이 실용적인 교회 성장 활동에 사로잡힌 상황에서, 프랭키는 이에 대한 신학적인 대화를 추진하면서 그의 이전 작업을 요약하는 뛰어난 텍스트를 제공한다. 선교적 신학은 접근하기 쉽고, 학문적이며, 초점이 균형 잡혀 있다. 모두가 충분하고 누구도 두려워하지 않는 하나님의 나라에 헌신한 사람이라면 반드시 읽어야 할 책이다.

— 드루 하트, 메시아 대학

초대이자 선언문인 프랭키의 선교적 신학은 기독교 신학의 특성과 과제에 대한 혁명적이고 심오한 생명을 주는 비전을 분명히 표현한다. 신학 및 선교학적 합의의 중요한 영역을 기반으로 프랭키는 신학적 성찰을 위한 필수 조건으로서 하나님의 본질에 뿌리를 둔 포스트모던 및 포스트식민주의적 선교 이해에 대해 합리적이고, 접근 가능하며, 잠재적으로 패러다임을 전환할 수 있는 주장을 펼친다. 선교에 대한 이런 철저한 개정은 선교를 주로 전도와 해외 선교의 관점에서 이해하는 사람들과 선교 언어가 서구 제국주의와 문화적, 종교적 우월주의에 의해 절망적으로 오염된 것을 발견하는 사람들에게 도전을 던질 것이다. 신실하게 성경적이고, 본질적으로 전교회적이며, 모든 다양성의 하나님이 세상에서 하시는 일에 깊이 동조하는 선교적 신학은 교회와 신학 교실에서 폭넓은 독자층을 확보할 가치가 있다.

_ 마이클 바람, 캘리포니아 세인트 메리 대학

프랭키는 선교적 신학의 2세대 지도자 중 한 명으로 부상했다. 그는 선교적 신학이 역사와 성경 연구뿐 아니라, 조직신학에서 흘러나온다는 그의 스승들의 핵심적인 신념을 기반으로 한다. 그러나 이 책이 보여주듯이, 그는 이제 선교적 신학을 회중의 삶과 사역에 더 깊이 도입하고 있다. 이는 목회자의 심정을 가진 학자만이 할 수 있는 선교적 신학에 절실히 필요한 다음 단계이다.

_ 크레이그 반즈, 프린스턴 신학대학원

| 차례 |

서문

옮긴이 서문

1장. 선교적 하나님 … 17

2장. 선교적 교회 … 53

3장. 선교적 신학 … 89

4장. 선교적 다양성 … 133

5장. 선교석 언내 … 183

에필로그

서문

이 책은 결론이자 시작이다. 결론부터 말하자면, 이 책은 선교적 신학에 대해 10년 넘게 생각하고, 말하고, 글을 써온 결과의 결정체이다. 그동안 나는 북미 전역과 세계 여러 지역의 신학교, 대학, 교회에서 이 주제에 대해 가르치고 강의할 기회를 가졌다. 나는 선교라는 용어와 교회 및 신학과의 관계에 대해 학생, 교회 지도자 및 그들이 섬기는 회중 사이에 존재하는 혼란과 오해를 직접 경험했다. 또한 선교적 신학의 개념이 보다 명확하게 이해되고 기독교 증거의 이해와 실천에 적용될 때 나타나는 관심과 열정을 보았다.

나는 강의 외에도 수년 동안 여러 권의 책과 기사를 통해 선교적 신학의 다양한 측면에 대해 글을 썼다. 여기에는 연대순으로 다음이 포함된다.

"Christian Faith and Postmodern Theory: Theology and the Nonfoundationalist Turn." In Christianity and the Postmodern

Turn, edited by Myron B. Penner, 105–21. Grand Rapids: Brazos, 2005.

The Character of Theology: An Introduction to Its Nature, Task, and Purpose. Grand Rapids: Baker Academic, 2005.

"God Is Love: The Social Trinity and the Mission of God." In Trinitarian Theology for the Church: Scripture, Community, Worship, edited by Daniel J. Treier and David E. Lauber, 105–19. Downers Grove, IL: InterVarsity, 2009.

Manifold Witness: The Plurality of Truth. Nashville: Abingdon, 2009.

"Intercultural Hermeneutics and the Shape of Missional Theology." In Reading the Bible Missionally, edited by Michael W. Goheen, 86–103. The Gospel and Our Culture Series. Grand Rapids: Eerdmans, 2016.

"Contextual Mission: Bearing Witness to the Ends of the Earth." In Four Views on the Mission of the Church, edited by Jason Sexton, 107–33. Grand Rapids: Zondervan, 2017.

"Missional Theology: Living God's Love." In Evangelical Theological Method: Five Views, edited by Stanley E. Porter and Steven M. Studebaker, 52-72. Downers Grove, IL: IVP Academic, 2018.

이 책은 위의 모든 책과 에세이의 자료를 모으고 확장하여 선교적 신학과 그 기본 주제에 대해 명확하게 소개한다. 이 책에서 일부 내용을 인용할 수 있도록 허락해 주신 출판사에 감사드린다.

나는 이 책이 증거하는 회중을 형성하기 위한 실천신학, 선교학, 조직신학의 교차점에서 작용하는 새로운 학문인 선교적 신학을 더 깊이 탐구하는 출발점이 되기를 바란다. 선교적 전환이 단지 일시적인 유행에 불과하다고 믿는 사람들과는 달리, 나는 이 대화가 낳은 진지한 신학적, 해석학적, 영적, 교회적 변혁이 이제 막 그 잠재력의 표면을 드러냈을 뿐이라고 믿는다. 훨씬 더 많은 작업이 필요하다.

이 사역이 세상에서 하나님의 목적을 더 잘 알고 신실하게 증거하는 열매를 맺기 위해서는 지역 교회의 삶과 사역에 뿌리를 내려야 한다. 이를 위해 나는 이 책을 처음 접하는 사람들, 특히 회중 리더십과 사역에 종사하거나 준비하는 사람들이 최대한 쉽게 접근할 수 있도록 노력했다. 이 책에서 다루는 모든 주제에 대해 훨씬 더 많은 것을 말할 수 있지만 간결함을 위해 그렇게 하고 싶은 충동을 참았다.

선교적 신학이 제기하는 도전에 대해 생각할 때, 타문화권 선교 훈련에 헌신하는 것으로 유명한 복음주의 신학교에서 했던 특별한 강연이 떠오른다. 3일 동안 나는 이 책에 포함된 주제에 대해 다섯 번의 강연을

했다. 강연이 끝나고 교수진 중 한 명의 선교학자와 한 명의 조직신학자가 응답을 했다. 선교학자는 나의 강연에 대체로 동의했지만, 조직신학자는 지난 20년 넘게 강의하면서 들어본 것 중 가장 위험한 결론을 담고 있다며 심각한 불만을 표시했다. 그 후 선교사 학생 중 한 명이 내 강의에 감사를 표하며 자신이 지금까지 들은 어떤 신학자보다 더 선교학자처럼 들렸다고 말했다. 방금 내가 일으킨 파장을 생각하며 나는 내가 선교학자로 소개되지 않은 것이 너무 아쉽다고 대답했다. 그러면 내가 한 어떤 말도 논란의 여지가 없었을 것이기 때문이다. 그 학생은 이렇게 대답했다. "맞습니다. 하지만 그러면 당신은 우리 선교학자들과 함께 구석에 앉아있을 것이고, 우리가 우리 차선에 머무르는 한 아무도 신경 쓰지 않을 거예요. 하지만 당신이 하고 있는 일은 선교학의 원리를 성경 연구와 조직신학 분야로 끌어들이는 것이고, 그것이 사람들을 긴장하게 만듭니다."

선교적 신학은 선교가 성경 해석, 신학 구성, 회중 생활, 영성 형성, 목회 실천의 주변부에서 중심부로 이동하면 어떤 모습이 될지 탐구한다. 이 책은 이런 선교적 변화로 인해 제기되는 가능성과 도전을 탐구하는 데 관심이 있는 개인과 공동체를 위한 출발점을 제공하기 위한 것이다.

수년 동안 많은 친구, 동료, 공동체가 개인적으로나 직업적으로 나를 지지해 주었고 이 작업의 발전에 직간접적으로 참여했다. 지면과 기억력 때문에 여기서 다 언급할 수는 없지만, 특히 두 그룹의 사람들에게 감사한다. 그들은 6개 기관(비블리칼 신학대학원, 루벤 복음신학대학원, 풀러 신학대학원, 휴스턴 신학대학원, 프린스턴 신학대학원, 크리스천 신학대학원)에서 내 수업을 들었던 학생들과 내가 담임 신학자로 섬겼던 두 교회(펜실베이니아주 앨런타운

제일장로교회와 인디애나폴리스제일장로교회)의 성도들이다. 특히 주일 오전 8시에 성실하게 모여 이런저런 이야기를 나누고 있는 제2장로교회의 "신학, 생각, 커피" 반 회원들을 언급하고 싶다. 위의 모든 분의 질문과 호기심, 선의에 감사드린다. 그분들이 있었기에 이 책이 존재하게 되었다.

나를 격려하고 지지해 준 많은 분들 중에서 특히 내가 교회에서 전임으로 일하도록 처음 권유하고 채용해 준 토니 선더마이어, 선교적 신학에 대한 공통의 비전을 공유한 제임스 퍼, 선교 혁명을 시작한 나의 공모자인 마이클 배람, 일하기 좋은 교회로 만들어 준 인디애나폴리스 제2장로교회 직원들에게 감사를 표하고 싶다.

마지막으로, 나는 지난 20년간 선교적 운동에서 가장 중요한 두 지도자인 대럴 구더와 조지 헌스버거와 긴밀히 협력할 수 있는 특권을 누렸다. 선교적 신학에 대한 그들의 공헌과 멘토링과 우정에 감사하는 마음으로 이 책을 그들에게 바친다.

옮긴이 서문

이 책을 발견하고 무척 반가웠다. 내가 관심을 가지고 작업을 해 왔던 '선교적' 논의를 체계적으로 다루고 있고, 나의 학문과 사역의 지향인 통합과 실천의 방향성과 맥을 같이 하고 있기 때문이다. 흩어져 있던 내 생각과 강의와 글을 잘 정리해 준 책이다. 더불어, 내게 익숙한 학자들의 글을 이 책에서 만나는 기쁨도 있었다.

최근에 '선교적'이라는 수식어가 붙은 학문적, 실천적 토론이 확산하고 있다. 제법 유행을 타고 있는 모양새이다. 하지만 이 용어를 둘러싼 정확한 정의와 이해가 부족하고, 서로 간에 합의를 찾기 힘들다. 저마다 자신의 관점에서 이 용어를 각자의 방식대로 사용하고 있다. 이 때문에 의도와는 다르게 혼란을 초래하기도 한다.

'선교적'(missional)이라는 용어는 비교적 최근에 등장한 신조어이다. 이는 전통적인 '선교사적'(missionary)라는 용어가 갖는 진부성과 부정적인 함의 때문에 새롭게 만들어져 사용되기 시작했다. 선교사적이라는 단어에는 선교를 주로 해외 타문화권에 펼치는 사역으로 보는 환원주의적 선교 이해가 담겨 있다. 파송국과 선교지라는 이분법적이고, 일방적인 선교의 움직임과 더불어 근대 서구 선교 역사 가운데 형성된 제국주의적, 확장주의적 선교 이해와 실천을 연상시킨다.

이와 대조되는 선교적이라는 용어는 특정한 행위나 사역보다는 더욱 근원적으로 본질과 정체성에 초점을 두고 선교를 이해한다. 선교는 삼위일체 하나님의 선교적 본질에서 비롯된다. 교회는 세상에 보냄을 받은 공동체로서 본질적으로 선교적 정체성과 사명을 가지고 있다. 다양한 상황 가운데 하나님 백성의 공동체는 자신들이 서 있는 위치에서 선교적 삶을 통하여 하나님의 선교에 참여한다.

그런데 최근 이와 같은 선교적 논의의 흐름에 대한 우려가 있다. 이 용어가 교회의 규모를 키우는 특정한 활동이나 전략으로 이해되고 사용되는 분위기이다. 저자가 에필로그에서 밝힌 바와 같이, 대부분의 대화가 교회 성장을 위한 또 다른 실용적인 노력에 지나지 않게 되었다. 요즘 세련된 교회가 되기 이해서는 '선교적'이라는 단어를 붙여야 한다는 말이 들리기도 한다. 많은 신학적 용어와 활동에 큰 의미 없이 이 수식어가 붙기도 한다. 이런 점에서 저자의 작업은 바람직한 선교적 논의를 위한 교정과 이정표가 된다.

선교적 신학은 특정한 종류의 신학이 아니라, 신학의 선교적 본질을 회복하고 하나님의 선교에 참여하는 길을 모색하는 통합적이고 실천적인 신학이다. 이것이 낯설게 느껴지는 것은 우리가 오랫동안 근대 서구 신학의 영향으로 추상적, 관념적, 분리주의적 신학을 해왔기 때문이다. 이런 류의 신학은 진리를 통합적으로 이해하는데 한계가 있고, 실천이 결여되는 문제가 있다.

저자에게 선교적 신학은 "그리스도의 제자 공동체가 그들이 처한 특정한 사회-역사적 상황에서 하나님의 백성으로 살아가는 선교적 소명을 수행하도록 돕기 위해 기독교 교회의 신앙과 실천을 비판적이고 건설적으로 성찰하는 과업을 수행하는 지속적이고, 이차적이며, 상황적 학문이다." 특별히 선교적 신학의 목적은 "성령님과 협력하여 세상을 위해 예수 그리스도의 방식으로 하나님의 사랑을 실천함으로써 하나님의 선교에 참여하는 증거의 공동체를 형성하는 것이다."

저자는 선교적 신학이라는 제목하에 선교적 하나님, 선교적 교회, 선교적 신학, 선교적 다양성, 선교적 연대라는 중요한 주제들을 다룬다. 선교라는 관점에서 기존의 신학과 선교학, 그리고 신학의 제 분야를 아우르는 통합적이고 실천적인 신학 작업을 하고 있다. 나는 이것이 앞으로 우리가 지향해야 할 바람직한 신학의 방향성이라고 생각한다. 저자가 제시하는 통일된 관점, 개념 정의, 주장은 현재 이루어지고 있는 선교적 논의를 촉진하고 이끄는 좋은 길라잡이가 될 것이다.

저자가 밝힌 바와 같이 이 책은 선교적 신학의 결론이며 시작이다. 그동안의 논의를 체계적으로 정리했다는 점에서 결론이며, 앞으로 논의의 실마리와 방향을 제시했다는 점에서 시작이 된다. 이 책의 부제처럼 선교적 신학을 위한 좋은 '개론'이다. 앞으로 목회자, 선교사, 다양한 신학 분과에 속한 학자들이 이 책을 통하여 배우고 동기를 부여받아 이 토론에 활발하게 참여하여 건강한 선교적 신학이 형성되고 발전되었으면 좋겠다. 특별히 이 시대 우리 교회와 선교 상황에 맞는 우리 방식의 선교적 신학에 대한 모색과 실천이 있기를 기대한다.

1장

선교적 하나님

Missional God

선교적 신학의 출발점은 선교적 하나님이라는 개념이다. 이는 단순히 하나님은 본질적으로 선교의 하나님이심을 의미한다. 좀 더 고전적인 신학적 표현을 따르면, 선교가 하나님의 속성임을 뜻한다. 이런 관점에서, 남아프리카의 선교학자인 데이비드 보쉬에 의하면, "선교는 일차적으로 교회의 활동이 아니라, 하나님의 속성이다. 하나님은 선교의 하나님이시다."[1] 달리 말해, 자주 반복되는 저명한 독일 신학자 위르겐 몰트만의 말처럼, "세상을 향해 수행해야 할 구원의 선교는 교회의 것이 아니라, 아버지를 통한 아들과 성령의 선교인데, 이 과정에서 교회를 세우고 포함한다."[2]

이와 같은 확언은 20세기 세계 교회 운동에서 중요한 발전 중 하나이다. 이는 이 담론에 참여하는 거의 모든 신학적 전통과 교회 전통 사이에

---

1 David J. Bosch, *Transforming Mission: Paradigm Shifts in Theology of Mission* (Maryknoll, NY: Orbis, 1991), 390.
2 Jürgen Moltmann, *The Church in the Power of the Spirit* (Minneapolis: Fortress, 1993), 64.

서, 교회의 선교는 *Missio Dei*, 즉 하나님의 선교에서 그 근거를 찾을 수 있다는 광범위한 합의에 따라 형성되었다.

하나님의 선교

하나님의 선교 신학의 출현은 선교와 교회의 관계에 대한 성찰의 역사에 뿌리를 두고 있다. 이런 성찰은 1910년 에든버러에서 열린 세계선교대회의 여파로 1921년에 공식적으로 설립된 국제선교협의회(IMC)에 의해 촉진되었다. 에든버러 대회는 일반적으로 선교와 동의어로 받아들여진 전도를 위해 다양한 선교 단체들이 더 나은 협력을 도모하기 위해 모였다.[3] 선교를 전도로 간주하였고, 그 실천자들은 주로 서구 선교 단체와 연계된 서구 선교사들이었다. 그 시대에는 기독교를 서구와 연관시키고, 나머지 비기독교 세계와 구별하는 경향이 있었다. 선교 사역을 비서구, 비기독교 세계를 복음화하는 일로 이해했다. 그런 맥락에서 이 회의의 초점은 주로 실용적이었으며 선교의 신학적 틀에 대한 성찰은 거의 없었다.[4]

IMC가 결성되면서 신학적인 질문들이 제기되기 시작했고, 이는 서구의 기독교 국가들이 서로를 파괴하려 했던 제1차 세계 대전의 여파로 더욱 강력해졌다. 이는 전쟁으로 인해 기독교적 헌신이 점점 위축되고 세

---

[3] 1961년에 IMC는 세계선교와전도위원회로서 세계교회협의회의 일원이 되었다.

[4] 에딘버러 대회에 대한 자세한 논의는 브라이안 스탠리(Brian Stanley)의 *The World Missionary Conference, Edinburgh 1910* (Grand Rapids: Eerdmans, 2009)을 참조하라.

속주의가 급속히 성장하는 것과 맞물려 '기독교적' 서구의 개념을 상당히 약화했다. 이런 상황에서 1928년 예루살렘에서 열린 IMC 회의에서는 새로운 분위기가 조성되었다. 비기독교인의 복음화라는 전통적인 선교 개념에 대한 논쟁이 일어났다. 기독교 선교와 관련하여 사회적, 정치적 행동의 중요성과 기독교 복음과 다른 종교 간의 관계에 대한 질문이 제기되었다. 합의에 이르지는 못했지만, 이 회의는 대화의 양상을 크게 변화시켰다.

교회와 세계가 파시즘, 공산주의, 제2차 세계 대전의 도전에 직면하면서, 이후 인도 탐바람(1938)과 캐나다 휘트비(1947)에서 열린 IMC 회의에서 이런 질문은 더욱 심화하였다. 기독교와 비기독교 국가라는 언어가 폐기되면서 기독교 선교의 이해와 실천에 관한 새로운 가능성의 길이 열렸다. 이런 긴박한 질문들과 씨름하는 가운데 선교의 기반에 대한 새로운 상상력이 서서히 구체화하기 시작했다. IMC는 선교 실천에 관한 실용적인 질문에 초점을 맞추던 것에서 "왜 선교인가?"하는 보다 근본적인 질문으로 옮겨갔다.

1952년 독일 빌링겐에서 열린 IMC 회의에서 하나님의 선교 신학이 분명하게 등상하면서 이 질문에 대한 답이 구체화하기 시작했다. 이 회의가 끝나고 나서야 정확한 용어가 유행했지만, 신학적 주장은 확실하게 표현되었다. 선교의 근거는 하나님의 본성 자체에서 그 기초를 찾았다.

이런 신학적, 선교학적 변혁에 대한 역사적 추력은 칼 바르트의 연구에서 찾을 수 있다. 1932년 브란덴부르크 선교 대회에서 발표한 논문에서 그는 선교를 하나님의 삶에서 그 첫 번째 표현을 발견하는 활동으로 이해했다. 이런 신념을 공유한 동시대 인물인 칼 하르텐슈타인은 브란덴

부르크 회의 이후 수십 년 동안 독일의 선교학적 사고를 형성하기 시작했으며, 1952년 빌링겐 회의 이후 하나님의 선교라는 용어를 창안한 것으로 인정받고 있다.

하나님의 선교 신학이 발전하기 전 수 세기 동안, 선교는 개인을 영원한 정죄에서 구출하는 구원의 측면, 대다수 세계의 사람들에게 서구 기독교의 축복과 특권을 소개하는 문화의 측면, 교회가 확장되고 생존하는 교회의 측면, 세계가 진화적 또는 대격변적 수단을 통해 하나님의 나라로 변화되는 사회적 측면 등 다양한 방식으로 이해되어 왔다. "이 모든 경우에, 그리고 다양하고 자주 상충하는 방식으로, 초대 교회에서 매우 중요했던 기독론, 구원론, 삼위일체 교리 사이의 본질적인 관계는 은혜 교리의 여러 버전 중 하나로 점차 대체되었다."[5] 빌링겐에서 나온 하나님 나라 신학의 관점에서 볼 때, 선교는 하나님의 본성 자체에서 비롯된 것으로 이해된다. "빌링겐의 선교 이미지는 하나님의 보내심에 참여하는 선교였다. 우리의 선교는 독자적인 생명을 갖지 못하며, 선교의 주도권은 오직 하나님으로부터 오기 때문에 보내시는 하나님의 손안에서만 진정으로 선교라 부를 수 있다."[6]

이런 관점에서 선교는 더 이상 교회에서 그 근거를 찾지 않는다. 대신 선교는 하나님으로부터 세상으로의 움직임으로 이해되며, 교회는 이런 선교에 참여하는 역할을 한다. 이 참여는 세상을 향한 하나님 사랑의 움직임에 교회가 헌신하고, 그에 부합하는 증거와 행동의 응답을 촉구한다. 하나님의 선교 신학은 하나님이 자신의 영원한 성품에서 비롯된, 세

---

5 Bosch, *Transforming Mission*, 389.
6 Bosch, *Transforming Mission*, 390.

상과 관계를 맺고자 하는 특별한 열망을 갖고 계신다고 주장한다. 이런 이유로 선교의 개념은 인류 역사에서 하나님의 일하심에 관한 성경 이야기의 핵심이다. 선교는 아브라함을 통해 이스라엘을 하나님의 언약 백성으로, 세상을 축복하기 위한 하나님 언약의 축복의 수혜자로 부르시는 것으로 시작된다. "여호와께서 아브람에게 이르시되 '너는 너의 고향과 친척과 아버지의 집을 떠나 내가 네게 보여 줄 땅으로 가라. 내가 너로 큰 민족을 이루고 네게 복을 주어 네 이름을 창대하게 하리니 너는 복이 될지라. 너를 축복하는 자에게는 내가 복을 내리고 너를 저주하는 자에게는 내가 저주하리니 땅의 모든 족속이 너로 말미암아 복을 얻을 것이라' 하신지라"(창 12:1~3).

    하나님의 선교는 이스라엘과 맺은 언약의 핵심으로, 성경 정경의 이야기에 기록된 대로 수 세기에 걸쳐 하나님 백성의 삶에서 지속해 펼쳐졌다. 이 선교적 언약은 예수 그리스도의 삶과 죽음과 부활에서 계시적인 절정에 이르렀고, 예수 그리스도의 복음을 사회적, 역사적, 문화적으로 구체화하고 하나님의 선교를 가시적으로 표현하는 그리스도의 제자 공동체인 교회를 부르시고, 인도하시며, 능력을 부여하시는 성령님의 보내심을 통해 계속되고 있다. 이 선교는 오늘날에도 전 세계 모든 문화권에 있는 교회들의 사역과 복음 증거 가운데 계속되고 있으며, 성령님의 인도를 받아 종말에 약속된 화해와 구속의 완성을 향해 나아가고 있다.

    빌링겐 이후, 개신교를 시작으로 동방 정교회와 로마 가톨릭을 포함한 다른 교회 전통에 의해 "하나님의 선교로서의 선교에 대한 이해는 사실상 모든 기독교적 신념에 의해 수용되었다."[7] 이 합의가 갖는 도전 중 하나는 교회의 선교와 하나님의 선교에의 참여를 불가분의 관계로 연결하지만, 교회 참여의 정확한 특성에 대한 구체적으로 공유된 이해가 없다는 것이다. 이런 특성을 규정하려는 시도는 논쟁과 논란이 되어 왔다. 그러나 완전한 개념적 명료성의 부족과 신학적 뉘앙스에 대한 지속적인 논의에도 불구하고, "하나님의 선교는 공의회와 복음주의 개신교, 오순절교, 정교회와 로마 가톨릭교회 모두가 받아들이는 선교를 정의하는 패러다임이 되었다. 거의 50년 동안, 이 개념은 세계교회협의회 세계선교와전도위원회(CWME) 등에서 자주 재확인되었다."[8]

하나님의 선교와 교회의 선교 사이의 연관성은 모호하지만, 두 가지 중요한 점에서 전 기독교적 합의가 이루어졌다. 첫째, 하나님은 본질적으로 선교의 하나님이시다. 둘째, 그러므로 이 선교적 하나님의 교회는 선교적 교회여야 한다. 첫 번째 요점을 자세히 설명하자면, 선교는 하나님 본성의 일부이며 영원토록 하나님의 존재와 행동으로 표현된다. 이는 아들을 세상에 보내심으로 알려졌다. 요한복음에서 예수님은 제자들에게 이렇게 말씀하신다. "너희에게 평강이 있을지어다. 아버지께서 나를 보내신 것 같이 나도 너희를 보내노라"(요 20:21). 선교라는 용어는 라틴어 "보낸다"(*mitto*)와 "보냄"(*missio*)에서 파생된다. 선교는 보내고 보냄을 받는 것을 의미한다. 아버지의 보내심과 아들과 성령의 보냄 받으심은 보내시는 분이자 보냄을 받은 분으로서 삼위일체 하나님의 존재와 활동

---

[7] Bosch, *Transforming Mission*, 390-91.
[8] Mark Laing, "Missio Dei: Some Implications for the Church," *Missiology: An International Review* 37, no. 1 (January 2009): 91.

을 가리킨다. 선교는 하나님의 속성이며 하나님 본성의 일부이다.

두 번째 점은 첫 번째 점과 연결된다. 하나님께 선교가 있다고 주장하는 것과 하나님이 본질적으로 선교사라는 주장 사이에는 차이가 있다. 첫 번째 경우, 선교의 행위는 하나님의 존재에 부수적이고 분리된 것일 수 있다. 하지만 두 번째 경우, 선교는 하나님의 속성 중 하나이기 때문에 선교의 행위는 하나님의 존재와 일치한다. 왜냐하면 선교는 하나님의 속성 중 하나이기 때문이다. 선교적 교회는 단순히 선교를 가진 하나님을 예배할 수 있지만, 선교적 초점이 없는 교회도 그런 하나님을 예배할 수 있다. 반면에, 선교가 하나님 본성의 일부라면, 오직 선교적 교회만이 그런 하나님을 온전하고 진실하게 예배할 수 있다. 스티븐 홈스가 주장하듯이, 선교의 부르심을 거부하는 교회는 사랑하라는 명령을 거부하는 교회와 마찬가지로 자신이 예배하는 하나님께 신실하지 못한 것이다. "목적적, 십자가적, 자기희생적인 보냄이 하나님의 삶에 본질적인 것처럼, 십자가적, 목적적, 자기희생적인 방식으로 보냄을 받는 것이 교회가 교회 되는 데 본질적이어야 한다."[9]

하나님의 선교 신학 관점에서 보면, 교회의 선교 활동을 새로운 방식으로 이해할 수 있다. 단수형의 선교, 즉 하나님의 선교가 일차가 되고, 복수형인 교회의 개별 선교 활동은 파생형이 된다. 빌링겐 이후 상황에서, 복수형 선교(missions)의 시대가 끝나고 단수형 선교(mission)의 시대가 시작된다. 그러므로 우리는 하나님의 선교와 교회의 선교 활동을 구분하고, 교회의 선교는 하나님의 선교에 신실하게 참여할 때만 참되다는

---

[9] Stephen R. Holmes, "Trinitarian Missiology: Towards a Theology of God as Missionary," *International Journal of Systematic Theology* 8, no. 1 (January 2006): 89.

것을 고백한다. 교회의 선교 활동의 주된 목적은 단순히 영혼을 구원하거나, 현세 교회의 영향력을 확장하거나, 새로운 기독교 공동체를 개척하는 것이 아니다. 대신 세상 안에서, 세상을 위하여, 세상에 대하여 하나님의 선교에 지속해 봉사해야 한다. "교회는 선교를 통해 하나님의 통치에 대한 약속의 충만함을 증거하고 하나님의 통치와 어둠과 악의 권세 사이의 지속적인 투쟁에 참여한다."[10]

일부 사람들은 하나님의 선교 신학이 개념적 명료성이 부족하고, 상호 배타적인 신학적 입장을 조장하는 데 사용되었다고 지적하며 그 유용성에 이의를 제기했다. 그런데도, 하나님의 선교 신학은 선교의 기초가 교회나 어떤 인간 대리자가 아니라 삼위일체 하나님이라는 중요한 점을 분명히 하는 데 기여했다. 교회는 하나님의 선교에 참여할 특권이 있지만, 그 기초는 하나님 안에 있다.

선교가 하나님의 속성이며 본성의 일부임을 확증하면, 하나님의 선교에 종점이 없다는 사실을 또한 확증하게 된다. 하나님의 선교는 시대의 완성과 함께 끝나는 것이 아니라, 하나님 본성의 본질적인 측면으로 영원토록 계속될 것이다. 우리가 선교를 구원, 교회, 문화, 혹은 사회적 관심사의 측면에서 생각하면, 선교는 종말론적 미래에 하나님의 창조 목적이 완전히 실현될 때 자연스럽게 끝날 것처럼 보인다. 하지만 선교가 하나님의 속성, 신성한 성품의 본질적인 요소라면, 절대로 끝나지 않고 영원히 계속될 것이다. 이 영원한 선교는 영원 전부터 아버지와 아들과 성령 사이에 사랑을 주고, 받고, 나누는 능동적인 관계 속에 계신 하나님

---

10 Bosch, *Transforming Mission*, 391.

의 삶에 기원을 두고 있다. 데이비드 보쉬의 말을 빌리면, "하나님은 사랑을 보내시는 원천이다. 이것이 선교의 가장 깊은 근원이다. 그 이상 더 깊이 침투하는 것은 불가능하다."[11] 하나님이 사랑하시기 때문에 선교가 있다.

삼위일체, 사랑, 그리고 하나님의 영원한 선교

하나님의 선교는 복잡하고 다면적이지만, 다른 모든 측면이 흘러나오는 그 중심 특성은 사랑이다. 하나님이 사랑이시라는 생각은 분명 하나님의 성품에 관한 그리스도인들의 가장 일반적인 가정 중 하나이다. 이 주장은 성경에서 반복적으로 발견되며 교회 역사를 통해 정기적으로 확증되었다. 그러나 하나님은 사랑이시라는 말의 진정한 의미는 무엇일까?

성경과 기독교 전통을 따라 하나님은 사랑이시라 확증하는 것은 단순히 피조물과 하나님의 형상대로 지음을 받은 인간에 대한 하나님의 감정을 진술하는 것이 아니다. 이는 하나님의 존재와 행동의 본질에 대해 확증하는 것이다. 하나님은 과거, 현재, 미래 모든 시간을 아우르는 사랑이시다. 하나님은 성부, 성자, 성령이 사랑을 주고, 받고, 나누는 데 참여하는 공동체적 교제 가운데 영원히 사시기 때문이다.

삼위일체에 대한 기독교의 신학적 사고는 하나님이 사랑이시라는 주장을 뒷받침한다. 삼위일체이신 하나님의 개념은 종종 교리적 추상화로

11　Bosch, *Transforming Mission*, 392.

여겨지지만, 자세히 살펴보면 이것이 사실 하나님이 사랑이라는 개념의 핵심임을 알 수 있다. 이를 이해하기 위해서 이 기본적인 기독교 가르침의 형성을 살펴보는 것이 도움이 된다.

성경은 하나님이 삼위일체라는 명백한 고백을 담고 있지 않다. 실제로, 삼위일체라는 용어는 성경적 어휘의 일부가 아니며, 이 신학적 개념이 성경 본문에서 발전되지도 완전히 묘사되지도 않는다. 따라서 일부 사람들은 이 가르침과 기독교 신앙에서 그 우선순위에 대해 의문을 품게 되었다. 따라서 삼위일체 교리를 명시적인 성경적 가르침이기보다는 초기 기독교인들이 성경에서 찾은 핵심적인 신앙의 확신을 옹호하는 것으로 이해한 신학적 가르침으로 생각하는 것이 도움이 된다.

4세기에 이르러 교회는 하나님을 삼위일체로 이해하는 것은 타협할 수 없다는 결론에 도달했다. 왜냐하면 이것이 예수님의 생애와 사역을 통해 알려진 기독교의 하나님 개념을 함축하고 있기 때문이다. 초기 기독교 공동체는 삼위일체에 대한 고백을 중요한 신학적 결론, 공동체 신앙의 중심 요소, 하나님의 정체성에 관한 결정적인 기독교적 확증 등 여러 차원에서 필요한 것으로 간주하게 되었다. 이 교리는 신약 공동체 신앙의 자연스러운 발현으로 이해되었다.

삼위일체 교리는 종종 3~4세기 사상가들의 철학적 관심에서 나온 매우 추상적이고 사변적인 가르침으로 여겨져 왔지만, 초기 기독교 공동체의 역사적 상황에 대한 반응으로 그 교리를 이해하는 것이 더 정확하다. 삼위일체로서의 하나님에 대한 이해는 예수님을 따르는 사람들이 그분에 대한 믿음과 하나님에 대한 그들의 확신을 이해하려고 노력하면서 나타나고 구체화하였다.

이는 한 분 하나님에 대한 고백에 대한 상속된 헌신을 예수 그리스도의 주되심과 성령님의 체험을 조화시켜야 하는 도전에 대한 응답이었다. 철학적 추상화와는 거리가 먼 삼위일체 하나님에 대한 고백은 기독교 신앙의 내용에 관한 중심적인 신학적 질문, 즉 예수님을 따르던 초기 제자들의 경험에서 비롯된 질문을 교회가 해결하려 했던 시도의 정점에 해당한다.

초기 기독교인들은 유대인의 유산을 이어받아 한 분 하나님에 대한 핵심 신앙을 계속 유지했다. 이런 헌신으로 인해 그들은 많은 신을 믿는 로마 제국 주변 문화의 관습을 거부했다. 초기 기독교 공동체는 한 분 하나님에 대한 헌신을 계속 선언함으로써 초기 기독교인들은 그들 공동체의 초기 역사와 발전에서 중요한 인물 중 하나로 여겼던 아브라함과 맺은 하나님의 언약에 지속해서 참여한다고 주장했다.

이런 맥락에서, 초기 기독교인들은 계속해서 참 하나님은 오직 한 분이시며, 아브라함, 이삭, 야곱의 하나님이심을 주장했다. 그들은 이 하나님이 나사렛 예수의 삶과 증거에서 계시된 하나님과 동일한 하나님이라고 주장했다. 이 하나님, 오직 이 하나님만이 기독교 공동체의 예배를 받을 자격이 있다. 초기 기독교인들은 자신들을 하나님이 아브라함과 맺은 언약에서 시작된 공동체의 지속, 즉 하나님의 한 백성의 지속적인 표현으로 이해했다. 따라서 그들은 히브리어 성경에 명시된 유일신 전통과 관습에 적극적으로 헌신했다.

유일신에 대한 이런 헌신은 초기 기독교인들이 나사렛 예수의 삶에서 일어난 사건을 성찰하는 기본 가정을 형성했다. 오직 한 분 하나님만을 예배하는 유대인의 관습을 이어가면서, 초기 기독교인들은 한 분 하나님이 나사렛 예수의 인격으로 그들 가운데 거하러 오셨다고 믿게 되었다. 이런 믿음 때문에, 그들은 예수님을 하나님으로 여기고 그를 우주의 주인이자 공동체의 머리로 예배했다. 하지만 유일신에 대한 그들의 헌신과 오직 한 분 하나님에 대한 예배에도 불구하고, 그들은 예수님 자신의 실천을 따라, 하나님의 아들과 기독교의 정경인 복음서 기록에서 예수님이 아버지라 부르신 분을 명확하게 구분했다. 그들은 예수님의 신성을 유지하면서도, 그가 아버지와 같지 않다고 믿었다.

초기 기독교인들은 또한 성령님이 하나님이심을 믿었다. 예수님을 따르는 이들은 성령님의 사역을 통해 하나님과 친밀한 관계를 누렸고, 그들의 교제와 삶에서 하나님의 임재를 누렸다. 그 공동체는 성령님의 임재를 통해 기독교인들이 개인적, 공동체적으로 하나님의 성전을 구성한다고 믿었다. 성령님의 역사가 기독교 공동체를 하나님의 성전으로 구성한다는 확언은 성령님과 하나님을 밀접하게 연결했다.

하나님으로서 세 분 사이의 밀접한 관계와 구분은 신약 성경에서 발견되는 요약 공식에서 분명하게 나타난다. "그러므로 너희는 가서 모든 민족을 제자로 삼아 아버지와 아들과 성령의 이름으로 세례를 베풀고"(마 28:19). "주 예수 그리스도의 은혜와 하나님의 사랑과 성령의 교통하심이 너희 무리와 함께 있을지어다"(고후 13:13).

하나님에 대한 경험에서 비롯된 일관되고 복합적인 이해로 이런 약속을 통합해야 하는 과제는 하나님의 단일성과 차별화된 복수성 모두를 강조하게 했다. 교회는 세 하나님을 고백하지 않았다. 하지만 동시에 성부, 성자, 성령 안에서 하나님과의 만남과 경험은 너무 독특해서 단순히 한 하나님의 다른 "양태"(modes)로 볼 수 없었다. 그 결과, 삼위일체 하나님에 대한 기독교의 고백은 초기 신자들의 공동체적 경험과 증거를 반영하는 하나님에 대한 설명을 제공하려는 실제적 관심에서 그 근거를 찾았다.

역사를 통해 하나님의 삼위일체적 성격에 대한 확증은 하나님에 대한 기독교적 사고와 삼위일체 신학의 지속적인 발전을 위한 틀을 제공했다. 초기 기독교 공동체의 하나님 경험에 대한 성경적 증거는 현세적 만남을 넘어 하나님의 영원한 삶을 가리킨다. 성경은 하나님을 세상의 역사에서 활동하시는 분으로 묘사하며, 창조가 시작점이 아니라 영원한 과거에서 영원한 미래로 이어지는 하나님 삶의 계속되는 이야기에서 하나의 특별한 사건에 불과한 역사로 묘사한다.

역사 속에서 하나님의 행동은 삼위일체 교리의 기초인 동시에 하나님의 지속적인 내적 삶을 나타내기도 한다. 성경은 하나님의 성품과 관련하여 이 역사가 함축하는 바를 깊이 생각하도록 우리를 초대한다. 이는 '하나님은 행동하시는 대로 계신다.'라는 신학적 원칙을 제시한다. 하나님의 정체성은 하나님의 행하심을 통해 알 수 있다. 하나님의 자기 계시는 하나님의 성품을 반영한다. 하나님의 성품과 존재는 역사 속에서 행하신 하나님의 행동에 의해 구성되고 알려진다.

예수 그리스도 안에서 성부, 성자, 성령이신 하나님의 계시와 나사렛 예수의 행하심을 통해 우리는 하나님은 행하시는 분이시며, 하나님이 하시는 일은 사랑이라고 말할 수 있다. 예수 그리스도 안에 있는 하나님의 계시를 통해 우리는 인류를 사랑하시는 하나님의 은혜로운 성품의 살아 있는 구현과 설명을 만난다. 우리는 하나님에 대해 사실이라고 믿고 있는 모든 가정과 선입견을 내려놓고, 대신 행하심을 통해 나타나는 하나님으로부터 배운다. 하나님은 행하신 일을 통해 알려지며, 하나님이 행하신 일은 예수 그리스도의 인격과 성경의 증거에서 드러난다. 예수님의 삶과 성경의 이야기를 통해서 우리는 하나님이 사랑하시는 분임을 알게 된다. 따라서 우리가 하나님의 자기 계시의 행위에 반응하여 하나님의 성품을 알고자 할 때, "하나님은 사랑이시라"(요일 4:8, 16)는 성경의 근본적인 주장을 이해하려고 노력해야 한다.

우리는 특정한 개인적 혹은 일반적으로 받아들여지는 문화적 가정에 기초한 사랑의 특성에 대한 이해가 하나님의 사랑에도 적용된다고 추정해서는 안 된다. 오히려, 하나님의 사랑에 대한 우리의 지식은 예수님 안에서, 예수님을 통한 하나님과 피조물 사이의 지속적인 교제를 통하여 하나님이 사랑하시는 특별한 방식에 의해 형성되어야 한다.

세상에 대한 하나님의 사랑은 관여하지 않고, 움직이지 않고, 열정이 없는 신의 사랑이 아니다. 하나님의 사랑은 세상에서 계속되는 삶의 드라마에 적극적이고, 열정적으로 관여하고, 예수 그리스도 안에서 이 사랑을 아낌없이 부어주시는 분의 사랑이다. 예수 그리스도 안에 계시된 인류와 피조물을 향한 이 풍성한 사랑의 표현은 성부, 성자, 성령이 나누시는 영원한 삼위일체적 사랑의 교제로서 하나님의 내적 삶을 우리에게 알려준다. 다시 말해, 피조물 안에서, 피조물을 향한 하나님의 자기 계시에서 삼위일체 하나님을 설명하는 것은 동시에 신성한 실재 안에 있는 삼위일체 하나님을 설명하는 것이다. 이 이야기를 요약하면, 기독교 전통은 영원 전부터 영원한 미래까지, 하나님이 성부와 성자와 성령 사이에 사랑을 주고, 받고, 나누는 적극적이고, 사랑스러운 관계에 계셨고, 앞으로도 그럴 것이라고 확증한다.

이 관계는 차이와 통일성을 모두 포함한다. 고전적인 표현을 사용하면, 이런 하나님 사랑의 영원한 교제는 한 하나님이 성부, 성자, 성령이라는 구별된 위격으로 존재하시며, 이 세 위격이 한 하나님이심을 확인하는 복수성-속의-통일성(unity-in-plurality)과 통일성-속의-복수성(plurality-in-unity)을 특징으로 한다. 차이와 다름은 영원히 하나님 삶의 일부이다. 성부, 성자, 성령이 함께 한 하나님이시지만, 그 통일성은 동일성에서 파생된 것이 아니다. 오히려 그분들은 다름 가운데서 하나이시다.

아마도 20세기 삼위일체 신학에서 가장 중요한 발전은 관계성이 삼위일체를 이해하는 가장 유용한 방식이라는 광범위한 합의일 것이다. 이런 소위 관계론적 전환은 대부분의 교회 역사에서 삼위일체에 대한 신학적 성찰을 지배했던 실체의 존재론에 대한 대안으로 여겨진다.

삼위일체에 대한 전통적인 이해는 실체 또는 신성한 본질의 추상적인 속성을 강조했다. 이런 실체론적 개념은 절대적 본질과 관계적 속성을 구분한다. 이런 이해에 따르면, 본질은 절대적이므로 그 정체성을 유지하기 위해 변하지 않아야 한다. 실체의 본질에 변화가 생기면, 그 정체성이 상실된다. 다음으로, 관계성은 실체가 아닌 속성의 차원에 속하는 것으로 간주하였다. 결과적으로, 실체주의 신학자들은 하나님은 본질적인 신적 본성에서 절대적이고 불변하며, 신적 속성을 통하여 피조물과의 관계성을 유지한다고 주장했다. 고전적 전통에서 하나님의 본질이 그 삶의 관계적 차원에 따라 좌우된다는 개념은 허용되지 않는다.

하나님의 본성에 관한 많은 고전 문헌에서 이런 관점은 하나님의 내적 관계와 피조물에 대한 하나님 사랑의 관계를 모호하게 만들었다. 이 개념은 하나님을 고립된, 고독한 개인으로 보기 때문에 오늘날 신학자들은 보통 이를 비판한다. 이 비판의 핵심은 영원하고, 본질적으로 불변한 하나님에 대한 이런 개념과 피조물과 사랑의 관계를 맺은 하나님에 대한 성경 이야기의 묘사가 명백히 양립할 수 없다는 것이다. 실체의 범주를 포기해야 하는 정도에 대한 논쟁이 계속되고 있지만, 신학자들은 관계성의 범주에 주된 강조점을 두어야 한다는 데 상당한 동의를 표한다. 한 가지 예를 들자면, 캐서린 라쿠나는 실체(substance)가 아니라 인격(person)이 주요한 존재론적 범주라고 주장한다. 실재의 궁극적인 원천은 "홀로"(by-itself) 혹은 "그 자체로"(in-itself)가 아니라 인격, 즉 "타자를 향하는"(toward-another) 것이다. 삼위일체 하나님은 "스스로 소통하는" 분이며, "타자와의 관계 속에서" 영원히 존재하신다.[12]

엘리자베스 존슨은 삼위일체 하나님의 관계의 우선성이 하나님의 "단일성"에 집중하는 고전적 유신론을 도전하고 비판한다고 주장한다. 위격은 "서로와의 관계에 의해 구성되기 때문에 서로 연결되지 않으면 이해할 수 없다." 따라서 "그들의 존재 원리"는 관계의 범주에서 찾아야 한다.[13] 로버트 젠슨에 의하면, 삼위일체 사상의 원래 핵심은 하나님과 우리와의 관계가 삼위일체의 삶에 내재해 있으며, "정체성의 구분을 정의하기 위해 '관계' 개념이 도입된 것은 이런 통찰을 수행하기 위함이다."[14] "비록 젠슨과 존슨 두 사상가가 일반적으로 서로 긴밀하게 동의하

---

12 Catherine Mowry LaCugna, *God for Us: The Trinity and Christian Life* (San Francisco: HarperCollins, 1991), 14-15.
13 Elizabeth A. Johnson, *She Who Is: The Mystery of God in Feminist Theological Discourse* (New York: Crossroad, 1992), 216.
14 Robert W. Jenson, *The Triune Identity: God According to the Gospel* (Philadelphia:

지 않는 것으로 알려졌지만," 두 사람 모두를 인용하여 삼위일체 담론에서 관계성의 우선순위를 지지할 수 있다는 사실은 현재 합의의 폭이 넓다는 것을 입증한다.[15]

이런 신학적 합의는 존 지지울라스, 위르겐 몰트만, 볼프하르트 판넨베르크, 네오나드로 보프, 콜린 건턴, 알렌 토랜스, 밀러드 에릭슨, 스탠리 그렌츠와 같은 저명한 학자들을 포함한 다양한 사상가들을 아우른다. 하나님의 삶 안에서 관계성의 정확한 구성에 대해서는 서로 견해가 다를 수 있지만, 그들은 모두 관계적 전환을 따랐다.

현대 신학자들의 합의에 더하여, 벨리-마티 캐르케이넨은 "관계성으로의 전환은 근대 후기의 실재, 인간 존재 및 인간 공동체에 대한 역동적인 이해와도 일치한다"고 말한다. 그는 고립, 개인주의, 독립성이라는 개념은 모더니즘적 사상의 산물이라고 지적한다. "자연과학의 방법에만 의지하여 모든 것을 별개의 단위로 분류하고 범주화하는 전형적인 모더니스트의 편견에 반해, 포스트모더니티는 관계성, 상호의존성, 생성, 출현 등을 이야기한다. 이런 변화하는 지적 분위기 속에서, 교제(communion) 신학의 가치가 새롭게 평가되고 있다."[16] 스탠리 그렌츠에 의하면, 이런 관계적 전환은 하나님에 대한 우리의 이해가 "한 주체에서 세 위격으로" 이동하는 것을 구상한다.[17] 다시 말해, 하나님은 고독한 손

Fortress, 1982), 120.

15 David S. Cunningham, *These Three Are One: The Practice of Trinitarian Theology* (Malden, MA: Blackwell, 1998), 26.

16 Veli-Matti Kärkkäinen, *The Trinity: Global Perspectives* (Louisville: Westminster John Knox, 2007), 387.

17 Stanley J. Grenz, *The Social God and the Relational Self: A Trinitarian Theology of the Imago Dei* (Louisville: Westminster John Knox, 2001), 23-57.

재가 아니라 사회적 존재이시다.

하나님을 고독한 존재가 아니라 관계적 복수로 이해하면 중요한 질문이 제기된다. 하나님이 한 분이라는 확언이 무엇을 의미할까? 요한복음에서 예수님은 "나와 아버지는 하나이니라"(10:30)고 말씀하시며, 그의 일을 행하신 것은 그것을 본 사람들이 "아버지께서 내 안에 계시고 내가 아버지 안에 있음을 깨달아 알게"(10:38) 하려 하심이라고 설명하신다. 초대 교회의 사상가들은 이를 설명하기 위해 페리코레시스(perichoresis)라는 개념을 사용했다. 이는 성부, 성자, 성령이 삼위일체적 관계에서 상호의존하는 것을 말한다. 삼위일체의 세 위격이 서로 전적으로 구별되는 동시에, 아버지, 아들, 성령이 각자의 정체성을 가지고 서로 의존하는 방식으로 함께 묶여 있다는 주장으로 하나님 삶의 본질을 설명한다. 다시 말해서, 아버지와 아들과 성령은 공유하는 상호의존적 관계성을 떠나서는 그 자신, 즉 하나님일 수 없다.

이런 관계적 상호의존은 자율적이고 독립적인 개인으로서 기능하지 않으셨던 예수님의 지상 생활에서 나타난다. 예수님은 끊임없이 아버지의 뜻을 구하며 아버지께서 하시는 일을 보는 것 외에는 스스로 아무것도 할 수 없다고 말씀하신다. 동시에, 아버지께서 아무도 심판하지 아니하시고 모든 심판을 아들에게 맡기셨다고 말씀하신다. 그런데도, 이런 심판을 행할 때, "내가 아무것도 스스로 할 수 없노라 나는 듣는 대로 심판하노니 나는 나의 뜻대로 하려 하지 않고 나를 보내신 이의 뜻대로 하려 하므로 내 심판은 의로우니라"(요 5:30)라고 말씀하신다.

페리코레시스에 대한 이런 이해는 성부, 성자, 성령이 상호의존적 관계성에 의해 하나라는 결론에 이른다. 하나님 삶의 관계성에 관한 현대적 합의는 우리로 하나님은 사랑이시라는 확신을 다시 갖게 한다. 관계성의 범주에 따라 삼위일체 교리를 명확하게 표현하면, 이 성경적이고 고전적인 주장을 이해하는 지침을 얻을 수 있다. 태초부터 영원히 삼위일체 하나님의 삶은 사랑이 특징이며 앞으로도 그럴 것이다. 사랑은 본질적으로 관계적인 개념이기 때문에 하나님의 삶을 이해하는 데 특히 유익한 용어이다. 사랑에는 주체와 객체가 모두 필요하다. 하나님은 삼위일체의 통일성-속의-복수성이며 복수성-속의-통일성이기 때문에, 하나님은 사랑의 주체와 사랑의 객체를 다 포괄하신다. 이런 이유로 신학적으로 볼 때, "하나님은 사랑이시다"라는 진술은 기본적으로 성부, 성자, 성령 사이의 영원하고 관계적인 삼위일체의 내적 교제를 가리킨다.

차이와 타자성의 존재와 결부된 하나님 삶의 상호의존적 관계성은 하나님의 사랑이 동화시키는 사랑이 아니라는 결론에 이르게 한다. 이 사랑은 다른 것을 같게 만들려고 하지 않는다. 오히려, 하나님은 자기를 희생하고 자기를 내어주는 적극적인 관계를 통해 타자와 조화로운 교제 가운데 사신다.

영원 전부터 하나님의 삶을 특징 짓는 사랑은 하나님이 세상에서 행하시는 행동의 기초이다. 이 행동들은 하나님이 영원 전부터 누려온 자기희생적 사랑의 교제에서 흘러나온다. 스티븐 홈스가 말했듯이, "아버지로부터 아들과 성령을 통해 하나님이 창조하신 세상으로 흐르는 사랑의 관심에서 나오는 목적 있고, 자기희생적 행위는 영원 전부터 하나님이 누구인지에 대한 근본적인 이미지이다."[18] 영원 전부터 이어져 온 하

---

18 Holmes, "Trinitarian Missiology," 88.

나님의 선교를 특징짓는 사랑은 하나님의 선교를 세상에 확장하는 강력한 기초이다. 이제 우리가 주목해야 할 것은 세상에 표현된 하나님의 선교이다.

세상에서 하나님의 선교

하나님의 영원한 선교의 관점에서 볼 때 창조는 하나님의 광대한 사랑의 반영으로 이해될 수 있다. 삼위일체 하나님은 하나님이 아닌 다른 실재를 가져오셔서, 하나님 사랑의 교제에 참여시키려는 목적으로 사랑과 은혜와 축복의 관계를 맺으신다. 이런 식으로 하나님의 사랑은 성부, 성자, 성령을 넘어 다른 이들을 포함하도록 확장된다.

인간은 하나님의 형상으로 창조되었지만, 하나님과 타인의 사랑을 거역했다. 동료 인간의 행복을 추구하는 대신 다른 사람을 희생시키면서 자신의 이익을 추구했고, 시민들, 특히 힘없고 취약한 사람들을 식민화하고 소외시키는 억압적인 사회를 구축했다. 성경은 이런 활동을 그 뿌리가 되는 지성, 의지, 감정의 성향과 함께 죄라고 부른다.

이 활동은 지상의 사람들 사이에 적대감을 불러일으켰다. 유대 전통의 관점에서 볼 때, 이 적대감의 초점은 유대인과 이방인의 관계이다. 이런 인간의 반역과 그에 따른 지상 사람들 사이의 적대감에 대한 응답으로 하나님은 아들 예수님을 세상에 보내셨다. "하나님이 세상을 이처럼 사랑하사 독생자를 주셨으니 이는 그를 믿는 자마다 멸망하지 않고 영생을 얻게 하려 하심이라. 하나님이 그 아들을 세상에 보내신 것은 세상을 심판하려 하심이 아니요 그로 말미암아 세상이 구원을 받게 하려 하심이라"(요 3:16-17). 아들은 다른 사람들을 위한 겸손, 섬김, 순종, 죽음의 십자가 삶을 통해 세상을 구속하기 위해 세상에 보내심을 받으신다. "너희 안에 이 마음을 품으라 곧 그리스도 예수의 마음이니 그는 근본 하나님의 본체시나 하나님과 동등됨을 취할 것으로 여기지 아니하시고 오히려 자기를 비워 종의 형체를 가지사 사람들과 같이 되셨고 사람의 모양으로 나타나사 자기를 낮추시고 죽기까지 복종하셨으니 곧 십자가에 죽으심이라"(빌 2:5-8).

예수님은 가르침과 모범을 통해 세상을 부르시어 자기 삶의 방식을 따르고 모두가 충분하고 누구도 두려워할 필요가 없는 사랑의 공동체인 하나님의 나라에 참여하도록 하셨다. 성령님은 그리스도를 따르는 공동체가 그들이 처한 특정한 사회적, 역사적, 문화적 상황에서 하나님의 백성이 되라는 선교적 소명을 수행하도록 부르시고, 인도하고, 능력을 부여하기 위해 세상에 보냄을 받으셨다. 하나님의 사랑과 선교의 복된 소식에 관한 교회의 증거를 통해, 성령님은 예수 그리스도를 중심으로 모든 종족과 민족에서 새로운 공동체를 불러내어, 모든 피조물에 대한 하나님의 뜻을 잠정적으로 보여주고 세상을 위한 하나님 사랑의 삶을 살 수 있도록 힘을 주신다.

세상을 향한 사랑으로 아들을 보내심과 성령을 보내심을 통해 세상에 나타난 이 선교적 패턴은 영원한 사랑의 공동체라는 맥락에서 실천되고 표현된다. 그것은 성부, 성자, 성령께서 나누신 사랑을 창조 질서로 확장하고자 하시는 하나님의 선교적 특성을 가리킨다. 교회의 선교에 관한 보다 자세한 요약을 살펴보기 전에, 하나님의 선교가 하나님의 삶에서 예수님과 성령님을 통해 세상으로 나아가는 데 초점을 맞추면 도움이 될 것이다. 삼위일체의 신성한 삶에서 흘러나오는 사랑이 세상에서 하나님 선교의 중심이다. 어느 계명이 가장 크냐는 질문에 예수님은 이렇게 대답하신다. "예수께서 이르시되 네 마음을 다하고 목숨을 다하고 뜻을 다하여 주 너의 하나님을 사랑하라 하셨으니 이것이 크고 첫째 되는 계명이요 둘째도 그와 같으니 네 이웃을 네 자신 같이 사랑하라 하셨으니 이 두 계명이 온 율법과 선지자의 강령이니라"(마 22:37-40).

요한일서 4장 7-12절에서, 하나님과 교회의 관계에서 사랑의 우선성이 강조된다.

> 사랑하는 자들아 우리가 서로 사랑하자 사랑은 하나님께 속한 것이니 사랑하는 자마다 하나님으로부터 나서 하나님을 알고 사랑하지 아니하는 자는 하나님을 알지 못하나니 이는 하나님은 사랑이심이라 하나님의 사랑이 우리에게 이렇게 나타난 바 되었으니 하나님이 자기의 독생자를 세상에 보내심은 그로 말미암아 우리를 살리려 하심이라 사랑은 여기 있으니 우리가 하나님을 사랑한 것이 아니요 하나님이 우리를 사랑하사 우리 죄를 속하기 위하여 화목 제물로 그 아들을 보내셨음이라 사랑하는 자들아 하나님이 이같이 우리를 사랑하셨은즉 우리도 서로 사랑하는 것이 마땅하도다 어느 때나 하나님을 본 사람이 없으되 만일 우리가 서로 사랑하면 하나님이 우리 안에 거하시고 그의 사랑이 우리 안에 온전히 이루어지느니라.

무엇보다도, 교회는 그리스도의 삶을 본받고 하나님의 사랑을 실천함으로써 세상에 대한 하나님의 사랑을 증거하도록 부름을 받았다. 이런 관점에서 볼 때, 사랑은 기독교 신앙의 중심 표현이며 심지어 우리의 원수에게도 확장된다. 마태복음 5장 43~45절에서 예수님이 말씀하신다. "또 네 이웃을 사랑하고 네 원수를 미워하라 하였다는 것을 너희가 들었으나 나는 너희에게 이르노니 너희 원수를 사랑하며 너희를 박해하는 자를 위하여 기도하라 이같이 한즉 하늘에 계신 너희 아버지의 아들이 되리니 이는 하나님이 그 해를 악인과 선인에게 비추시며 비를 의로운 자와 불의한 자에게 내려주심이라."

교회는 사랑이신 선교적 하나님을 예배하기 때문에, 원수를 포함한 모든 사람을 사랑해야 한다. 복음에 대한 이런 증거만큼 중요한 것은 없다. 교회가 이 가장 기본적인 소명을 무시하거나 세상에서 실천하지 않는다면, 다른 어떤 일을 하더라도, 예수 그리스도의 신실한 제자의 공동체가 아니며 기독교 신앙을 실천하지 않는 것이다. 바울은 고린도전서 13장 1~8절에서 이 점을 아주 분명하게 설명한다.

내가 사람의 방언과 천사의 말을 할지라도 사랑이 없으면 소리 나는 구리와 울리는 꽹과리가 되고 내가 예언하는 능력이 있어 모든 비밀과 모든 지식을 알고 또 산을 옮길 만한 모든 믿음이 있을지라도 사랑이 없으면 내가 아무것도 아니요 내가 내게 있는 모든 것으로 구제하고 또 내 몸을 불사르게 내어 줄지라도 사랑이 없으면 내게 아무 유익이 없느니라 사랑은 오래 참고 사랑은 온유하며 시기하지 아니하며 사랑은 자랑하지 아니하며 교만하지 아니하며 무례히 행하지 아니하며 자기의 유익을 구하지 아니하며 성내지 아니하며 악한 것을 생각하지 아니하며 불의를 기뻐하지 아니하며 진리와 함께 기뻐하고 모든 것을 참으며 모든 것을 믿으며 모든 것을 바라며 모든 것을 견디느니라 사랑은 언제까지나 떨어지지 아니하되 예언도 폐하고 방언도 그치고 지식도 폐하리라.

하나님 사랑의 성취로서 하나님의 선교는 예수님의 삶과 성령님의 증거를 통해 구원으로 세상에 선포된다. 바울은 로마서에서 이렇게 썼다. "내가 복음을 부끄러워하지 아니하노니 이 복음은 모든 믿는 자에게 구원을 주시는 하나님의 능력이 됨이라 먼저는 유대인에게요 그리고 헬라인에게로다"(1:16). 바울이 서신에서 분명히 밝히고 있듯이, 그 구원의 수단은 하나님의 아들이며 세상의 주인이신 예수 그리스도의 삶과 죽음과 부활이다.

이 구원은 인류와 온 우주를 포함하는 창조 질서가 죄와 사망의 권세로부터 해방되는 것을 수반한다(롬 8:2-25). 예수 그리스도 안에서 세상을 사랑하시는 하나님의 선교를 교회에 주신 것과 마찬가지로, 구원과 화해의 선교도 교회에 맡기셨다. "모든 것이 하나님께로서 났으며 그가 그리스도로 말미암아 우리를 자기와 화목하게 하시고 또 우리에게 화목하게 하는 직분을 주셨으니 곧 하나님께서 그리스도 안에 계시사 세상을 자기와 화목하게 하시며 그들의 죄를 그들에게 돌리지 아니하시고 화목하게 하는 말씀을 우리에게 부탁하셨느니라 그러므로 우리가 그리스도를 대신하여 사신이 되어 하나님이 우리를 통하여 너희를 권면하시는 것 같이 그리스도를 대신하여 간청하노니 너희는 하나님과 화목하라"(고후 5:18-20). 세상에서 하나님의 선교에 참여자인 교회는 하나님의 사랑뿐 아니라 구원의 사역에도 참여한다.

현대 서구 문화의 개인주의적 관점에서 구원에 접근하지 않는 것이 중요하다. 이제까지 구원은 주로 천국의 미래를 위한 특정 개인의 구속으로 여겨져 왔다. 이런 식으로 성경의 증거를 읽으면 하나님 선교의 전체 범위와 광대함을 놓치게 된다. 하나님의 역사는 창조 질서 전체를 부패의 속박에서 해방하는 것이다.

베벌리 로버츠 가벤타는 이런 선교의 우주적 범위를 잘 제시한다. 바울은 로마서에서 하나님의 선교는 "유대인과 이방인을 포함한 새롭게 창조된 인류가 공동체로 하나님을 찬양하기 위해 해방되도록" 모든 세상을 "죄와 사망의 권세에서 구원하는" 역사를 포함한다.[19] 이 구원의 초점은 이 땅에 평화를 실현하는 것이다. 신약에서 이 비전의 중요한 요소는 하나님의 가족에 이방인을 포함하는 데 초점을 맞추고 있다. 에베소서는 이 포용적 공동체의 설립이 세상에 평화를 이루려는 하나님의 영원한 목적의 일부라고 주장한다.[20] 에베소서 1장 9~10절에 따르면, 하나님은 "그 뜻의 비밀을 우리에게 알리신 것이요 그의 기뻐하심을 따라 그리스도 안에서 때가 찬 경륜을 위하여 예정하신 것이니 하늘에 있는 것이나 땅에 있는 것이 다 그리스도 안에서 통일되게 하려" 하셨다. 마이클 고먼에 따르면, 에베소서 2장에서 여기에 언급된 신비가 복음에서 알려지고 "인류와 관련하여 하나님의 평화 선교로서 가장 잘 특징지어진

---

[19] Beverly Roberts Gaventa, "The Mission of God in Paul's Letter to the Romans," in *Paul as Missionary: Identity, Activity, Theology, and Practice*, ed. Trevor J. Burke and Brian S. Rosner, Library of New Testament Studies 420 (London: T&T Clark, 2011), 65-66.

[20] 하나님의 평화에 참여하라는 부르심으로 에베소서에 대한 자세한 해석은 다음을 참조하라. Michael J. Gorman, *Becoming the Gospel: Paul, Participation, and Mission*, The Gospel and Our Culture Series (Grand Rapids: Eerdmans, 2015), 181-211.

다."²¹

하나님의 이 계획은 현재 흩어지고 파편화되어 있는 것을 하나로 통합하여 창조 세계의 조화를 회복하기 위한 것이다. 이것이 그리스도와 지상에 있는 그리스도의 몸인 교회를 통하여 역사하시는 하나님의 능력이다. "그의 능력이 그리스도 안에서 역사하사 죽은 자들 가운데서 다시 살리시고 하늘에서 자기의 오른편에 앉히사 모든 통치와 권세와 능력과 주권과 이 세상뿐 아니라 오는 세상에 일컫는 모든 이름 위에 뛰어나게 하시고 또 만물을 그의 발아래에 복종하게 하시고 그를 만물 위에 교회의 머리로 삼으셨느니라 교회는 그의 몸이니 만물 안에서 만물을 충만케 하시는 이의 충만함이니라"(엡 1:20-23). 고먼은 에베소서에 대한 자세한 주석의 맥락에서 이에 관해 설명한다. "여기에 간략하게 설명되고 편지의 나머지 부분에서 더 자세히 설명되는 교회는 하나님의 영원한 계획인 미래의 우주적 평화와 조화를 미리 맛보게 하기 위해 의도하신 것이다."²² 이 내용은 에베소서 3장 8~11절에 요약되어 있다.

모든 성도 중에 지극히 작은 자보다 더 작은 나에게 이 은혜를 주신 것은 측량할 수 없는 그리스도의 풍성함을 이방인에게 전하게 하시고 영원부터 만물을 창조하신 하나님 속에 감추어졌던 비밀의 경륜이 어떠한 것을 드러내게 하려 하심이라 이는 이제 교회로 말미암아 하늘에서 있는 통치자들과 권세들에게 하나님의 각종 지혜를 알게 하려 하심이니 곧 영원부터 우리 주 그리스도 예수 안에서 예정하신 뜻대로 하신

21　Gorman, *Becoming the Gospel*, 188.
22　Gorman, *Becoming the Gospel*, 189.

것이라.

에베소서 2장은 그리스도 안에서 유대인과 이방인, 나아가 전 세계를 화목하게 하기 위해 하나님이 행하신 일의 결과를 분명하게 설명한다. 그리스도를 통해 유대인과 이방인이 하나가 되었고 적대감의 막힌 담이 허물어졌다(14절). 두 인류를 대신하여 하나의 새로운 인류가 등장하여 세상에 평화를 가져왔다(15절). 두 집단 사이의 적대감이 사라지고 화목하게 되었다(16절). 두 집단 모두 성령에 참여하여 하나님께 나아간다(18절). 유대인과 이방인은 더 이상 서로에게 낯선 존재나 외부인이 아니다(19절). 그리스도와 성령을 통해 유대인과 이방인이 함께 하나님의 가족이다.

세상의 평화와 조화는 하나님 선교의 중심이다. 초대 교회에서 이는 유대인과 이방인 사이의 평화를 의미했다. 기독교 유럽 교회의 맥락에서 이는 경쟁하는 기독교 공동체 사이의 평화를 의미했다. 제3천년대를 시작하는 교회에 이는 세계 종교 간의 평화를 의미한다. 이런 종교적 평화를 떠나서는 하나님이 세상에 의도하신 평화에 대한 희망이 없다.

복음의 좋은 소식은 세상의 평화이며 죽음에 이르게 하는 폭력과 적대감의 끝이다. 이것이 구원 메시지의 근본적인 부분이다. 따라서 예수님을 따르는 공동체는 에베소서 4장 1~3절에서 이렇게 권면을 받는다. "그러므로 주 안에서 갇힌 내가 너희를 권하노니 너희가 부르심을 받은 일에 합당하게 행하여 모든 겸손과 온유로 하고 오래 참음으로 사랑 가운데서 서로 용납하고 평안의 매는 줄로 성령이 하나 되게 하신 것을 힘써 지키라." 고먼은 하나님 구원의 선교에 관한 광범위한 개념을 이렇게 같이 설명한다. "그러므로 하나님은 비록 미완성이고 불완전할지라도, 이런 해방과 변혁의 현실에 지금 참여하는 다문화적이고 사회-경제적으로 다양한 공동체('교회')로 구성된 국제적인 네트워크를 만들고 계신다."[23]

신약 성경은 해방, 변화, 새 창조, 평화, 화해, 칭의 등 하나님 구원의 선교에 대한 포괄적인 비전을 표현하기 위해 수많은 단어, 이미지, 문구를 사용한다.[24] 이 구원의 선교는 영원한 삼위일체적 교제에서 표현되고 예수 그리스도의 삶과 죽음과 부활을 통해 창조 질서 안에 알려진 하나님의 자신을 내어주고 희생하는 사랑에 뿌리를 두고 있다. 바로 이 하나님의 선교가 교회의 선교를 이해하기 위한 상황을 형성한다.

교회의 선교에 관해 더 구체적으로 살펴보기 전에, 마태복음 결론부에서 하나님이 이 선교를 이루시기 위해 어떤 수단을 쓰시는가 생각해 보도록 하겠다. 마태복음의 다음 구절은 모든 민족을 제자로 삼으라는 대위임령으로 알려져 있다. "열한 제자가 갈릴리에 가서 예수께서 지시하신 산에 이르러 예수를 뵈옵고 경배하나 아직도 의심하는 사람들이 있더라 예수께서 나아와 말씀하여 이르시되 하늘과 땅의 모든 권세를 내게 주셨으니 그러므로 너희는 가서 모든 민족을 제자로 삼아 아버지와 아들과 성령의 이름으로 세례를 베풀고 내가 너희에게 분부한 모든 것을 가르쳐 지키게 하라 볼지어다 내가 세상 끝날까지 너희와 항상 함께 있으리라 하시니라"(28,16~20). 먼저, 이 위임령이 "하늘과 땅의 모든 권세를 내게 주셨으니"라는 예수님의 주권과 "내가 세상 끝날까지 너

---

[23] Gorman, *Becoming the Gospel*, 24-25.
[24] Gorman, *Becoming the Gospel*, 25.

희와 항상 함께 있으리라"는 예수님의 임재의 틀 안에 자리 잡고 있다는 사실에 주목해야 한다. 이는 여기에 주어진 위임령이 하나님의 능력과 임재로 진행된다는 중요한 사실을 상기시켜 준다. 역사적으로 예수님과 연합하여 세례를 받고 이 위임령을 물려받은 예수님을 따르는 사람들은 자신들의 힘으로 이를 완수하는 것이 아니다. 주님이 이 과업에 우리와 함께하시며, 궁극적으로 이는 우리가 아닌 하나님께 속한 것이다.

예수님이 제자들과 더 나아가 교회에 주신 사명의 내용을 이해하려면, 마태복음의 본질과 구조에 대해 아는 것이 도움이 된다. 마태복음은 특히 유대교에 깊은 뿌리를 두고 있다. 이는 모든 복음서와 신약 일반에 해당하지만, 특히 마태복음이 그렇다. 학자들은 다섯 개의 개별 섹션이 작품의 전체적인 형태를 결정한다고 오랫동안 지적해 왔다. 이 5중 구조는 유대교의 기본 문서인 오경을 반영한다. 오경의 중심에는 아브라함과 맺은 하나님의 언약, 모세의 이야기와 출애굽, 하나님 아래 새로운 공동체의 창조, 그리고 공동체가 살아가야 할 율법의 부여가 있다. 마태복음의 5중 구조는 예수님의 이야기가 고대 이스라엘의 이야기와 유사하다는 것을 암시한다.

이런 연결은 마태복음에서 발견되는 많은 세부 사항에 나타난다. 예를 들어, 5~7장에 포함된 가르침의 자료는 산상 수훈으로 알려져 있는데, 마태복음은 예수님이 산에서 이것을 가르치셨다고 말하는 유일한 복음서이다. 마태복음의 기록에서 예수님은 새로운 모세로 묘사되며, 복음의 중심 주제를 나타내는 새로운 시내산에서 하나님의 뜻을 계시하신다. 새로운 모세이신 예수님이 새로운 바로인 로마 황제로부터 새로운 출애굽을 인도하시어 하나님이 아브라함과 맺으신 언약을 따라 새로운 삶의 방식으로 살게 하신다. 이런 배경으로 인해 학자들은 마태복음 28장의 대위임령과 창세기 12장 1~3절의 아브라함과 맺은 하나님의 언약 사이의 상관관계에 주목한다. "가라 … 내가 너로 큰 민족을 이루고 … 너는 복이 될지라 … 땅의 모든 족속이 너로 말미암아 복을 얻을 것이라." 두 위임령은 불가분의 관계에 있으며, 예수님의 이야기는 하나님의 사랑으로 형성된 새로운 공동체를 창조하고 그 사랑이 온 땅에 퍼져 새로운 세상, 즉 하나님의 뜻이 하늘에서와 같이 땅에서도 이루어지는 세상을 이루기 위해 헌신하는 공통의 관심사를 가진 이스라엘 이야기의 연속으로 의도되었음을 보여준다.

히브리 전통에서 이 새로운 세계에 대한 이 비전은 선지자 이사야의 말에 깊이 담겨 있다. 그 세상은 다음과 같을 것이다.

> 우는 소리와 부르짖는 소리가 그의 가운데서 다시는 들리지 아니할 것이며 거기는 날 수가 많지 못하여 죽는 어린이와 수한이 차지 못한 노인이 다시는 없을 것이라 … 그들의 건축한 데에 타인이 살지 아니할 것이며 그들이 심은 것을 타인이 먹지 아니하리니 이는 내 백성의 수한이 나무의 수한과 같겠고 내가 택한 자가 그 손으로 일한 것을 길이 누릴 것이며 그들의 수고가 헛되지 않겠고 그들의 생산한 것이 재난을 당하지 아니하리니 … 이리와 어린 양이 함께 먹을 것이며 사자가 소처럼 짚을 먹을 것이며. (65:19~25)

이는 우리 주변에서 볼 수 있는 현실에 대한 대안, 즉 모두가 충분하고 누구도 두려워할 필요가 없는 세상에 대한 비전이다. 이것이 바로 하나님이 태초부터 의도하신 세상이다.

하지만 앞서 언급했듯이, 인간은 하나님의 의도를 거역하고 다른 사람을 희생시키면서 자신의 유익을 추구했다. 이에 하나님은 아브라함과 언약을 맺으시고 세상의 열방을 축복할 백성을 부르셨다. 하나님은 예수님을 세상에 보내셔서 그의 삶과 가르침과 죽음을 통해 열방을 축복하고 구원을 이루셨다. 하지만 예수님의 죽음이 이야기의 끝이 아니다. 저명한 신약 학자인 N. T. 라이트는 예수의 죽음을 "혁명이 시작된 날"로 묘사한다.[25] 예수님은 제자들에게 열방으로 가서 자기 삶의 길을 따르고, 이사야 비전인 하나님 나라를 지금 이 땅에 실현할 새로운 세상을 만들 제자를 삼으라는 소명의 언약을 세우신다.

이는 우리의 선교가 아니라 하나님의 선교이며, 우리는 그 성취를 위해 하나님의 능력과 임재에 의존한다. 더불어, 하나님은 이 일에 참여하도록 우리를 선택하셨다는 사실을 이해하는 것이 중요하다. 이는 하나님 없이는 일어나지 않을 것이지만, 우리의 신실한 참여 없이도 일어나지 않을 것이다. 우리는 단지 복음을 믿고 예수님을 믿도록 부름 받은 것이 아니라, 예수님의 제자가 됨으로써 복음이 되라는 부름을 받았다. 우리는 하나님이 의도하신 세상을 이루시는 하나님의 일에 참여함으로써 하나님의 삶에 참여한다. 그러므로 교회의 선교는 세상을 향한 하나님의 의도의 범위와 규모를 반영해야 한다. 이것은 어떤 모습일까?

다음 장에서 더 자세히 설명하겠지만, 여기서는 특히 성공회가 잘 요약한 교회 선교의 다섯 가지 표지를 언급한다. 이 표지는 선교에 대한 포

---

[25] N. T. Wright, *The Day the Revolution Began: Reconsidering the Meaning of Jesus's Crucifixion* (San Francisco: HarperOne, 2016).

괄적인 정의는 아니지만, 의미가 풍부하고 하나님이 세상에서 행하시는 역사의 총체적인 범위를 효과적으로 보여준다.

> 전도: 하나님 나라의 기쁜 소식 선포하기
> 형성: 새 신자를 가르치고, 세례를 주고, 양육하기
> 연민: 사랑의 봉사로 인간의 필요에 응답하기
> 정의: 사회의 부당한 구조를 변화시키기 위해 노력하기
> 창조 돌보기: 창조의 온전함을 보호하고 지구의 생명을 유지하고 새롭게 하기 위해 노력하기[26]

이 모두는 본질적으로 예수님의 주권과 하나님의 나라, 즉 모든 사람이 충분하고 누구도 두려워할 필요가 없는 새로운 세상의 수립을 위해 헌신하는 데서 나온다. 이 비전의 실현은 마태복음 말미에 예수님이 제자들에게 가서 모든 민족을 제자로 삼아 자신이 명령한 모든 것, 즉 하나님 나라의 길을 가르쳐 순종하도록 하라는 위임령을 설명한다. 제자 삼는 일은 새로운 세상을 창조하고 하나님의 나라를 세우기 위한 하나님의 계획이다. 다시 말해, 그것은 세상에서 하나님 선교의 본질적인 부분이다. 선교 신학자 레슬리 뉴비긴은 세상에서 하나님의 일을 위한 기독교 회중 형성의 중심성을 분명히 밝히면서, 점점 세속화되는 세상에서 공적 삶에 기독교의 영향력을 입증하려면 교회가 설명되고 발전되어야 하는 주요한 실재가 되어야 한다고 제안했다.

---

[26] Andrew Walls and Cathy Ross, eds., *Mission in the Twenty-First Century: Exploring the Five Marks of Global Mission* (Maryknoll, NY: Orbis, 2008).

이런 주장을 하면서, 뉴비긴은 기독교인들이 복음의 주장과 의미를 가지고 공적 생활에 참여하기 위해 사용하는 회의, 전도 활동, 성경 및 기독교 문헌의 배포와 같은 수많은 활동의 중요성을 무시하지 않는다. 이런 활동은 중요하고 가치가 있지만, 궁극적으로 부차적인 중요성을 지니며, 믿음의 공동체에서 생겨나고, 확고하게 뿌리를 내리고, 불가분의 관계로 다시 믿음의 공동체로 돌아갈 때 의도된 목적을 달성할 힘을 가질 뿐이다. "어떻게 복음이 믿을 만하고, 사람들이 인간사에서 최후의 결정권을 가진 권세가 십자가에 달린 사람에 의해 대표된다고 믿는 것이 가능한가? 나는 복음의 유일한 답, 유일한 해석학은 복음을 믿고 그에 따라 사는 남녀 회중이라고 제안한다."[27]

이런 유형의 모든 것을 포괄하고, 상호의존적이며, 개인적이고 공동체적인 형성이 바로 신약성경에서 요구되는 하나님의 선교에 참여하는 것이다. 세상을 변화시키고 하나님의 의도를 성취하는 능력을 갖춘 것은 예수님의 방식에 따른 제자도이다. 하지만 이는 어렵고 극복할 수 없어 보이는 상황에 직면하여 오랜 신실함이 요구되는 느린 과정이다. 이것이 바로 예수님이 하나님 나라를 겨자씨에 비유하신 이유이다. "천국은 마치 사람이 자기 밭에 갖다 심은 겨자씨 한 알 같으니 이는 모든 씨보다 작은 것이로되 자란 후에는 풀보다 커서 나무가 되매 공중의 새들이 와서 그 가지에 깃들이느니라"(마 13:31~32). 하나님 나라의 성장은 느리고 때로는 감지할 수조차 없지만, 때가 되면 의의 열매를 맺는다.

데이비드 보쉬에 의하면, 하나님 선교의 포괄적인 성격은 구원의 특

---

[27] Lesslie Newbigin, *The Gospel in a Pluralist Society* (Grand Rapids: Eerdmans, 1989), 227.

성과 교회의 선교에 대한 전통적 이해보다 더 통합적이고 총체적인 이해를 요구한다. "구원은 인간 존재의 필요와 절박함만큼이나 일관되고, 넓고, 깊다. 그러므로 선교는 구원을 주시는 하나님과 그 구원을 갈망하는 온갖 악에 얽힌 세상 사이의 지속적인 대화에 참여하는 것을 의미한다."[28] 이런 하나님의 선교가 예수님의 일을 계속하기 위해 세상에 보냄을 받은 교회의 소명을 형성한다. 예수님은 보내심을 받은 것처럼, 교회를 보내신다.

---

[28] Bosch, *Transforming Mission*, 400.

2장
선교적 교회

하나님의 선교가 창조 질서 안으로 확장되는 것은 성자와 성령의 보내심뿐 아니라 교회의 보내심을 통해서도 일어난다. 데이비드 보쉬의 지적처럼, 이 성경적 패턴은 선교가 하나님의 본성에서 비롯되며 교회론이나 구원론보다는 삼위일체 교리의 맥락에 위치해야 함을 보여준다. 이런 관점에서 볼 때, 아버지 하나님이 아들을 보내시고, 아버지와 아들이 성령을 보내신다고 표현된 하나님의 선교에 대한 고전적 교리는 "아버지, 아들, 성령께서 교회를 세상으로 보내신다는 또 다른 '움직임'을 포함하도록" 확장될 수 있다.[1]

이런 파송의 패턴에 따라 교회의 선교는 예수님과 성령님을 보내신 하나님의 선교와 밀접하게 연결되어 있다. 교회는 하나님의 형상, 그리스도의 몸, 성령의 거처로 부름을 받았으며, 하나님 나라의 표지, 도구, 맛보기로 세상을 향한 하나님 사랑의 기쁜 소식을 나타내고 확장한다.

---

[1] David J. Bosch, *Transforming Mission: Paradigm Shifts in Theology of Mission* (Maryknoll, NY: Orbis, 1991), 390.

교회의 선교를 살펴보기 전에 이전 장의 주요 내용을 간략하게 요약해 보겠다.

하나님은 사랑이시다. 하나님은 영원부터 성부, 성자, 성령 간에 사랑을 주고받고 나누는 상호작용적인 관계 속에서 살아계신다. 이 세 분은 상호의존적인 관계성으로 인해 함께 한 분이시다.

하나님은 선교의 하나님이시다. 선교는 하나님 본성의 일부이다. 그것은 영원히 하나님의 존재와 행동으로 표현되고 아들을 세상에 보내심으로 알려졌다. 이 하나님의 교회는 선교적 하나님을 예배하기 때문에 선교적이어야 한다.

차이와 다름은 하나님 삶의 일부이다. 성부, 성자, 성령이 함께 한 하나님이시지만, 그 연합은 동일성에서 비롯된 것이 아니다. 오히려 그분들은 서로 다름 가운데 하나이시다.

하나님의 사랑은 동화시키는 사랑이 아니다. 하나님의 사랑은 다른 것을 같게 하려고 하지 않는다. 오히려 하나님은 자기희생적이고, 자기를 내어주는 사랑의 능동적인 관계를 통하여 타자와 조화로운 교제 가운데 살아가신다.

창조는 하나님의 광대한 사랑의 표현이다. 하나님은 창조 질서가 하나님 사랑의 교제에 참여하도록 이끄시기 위해 하나님이 아닌 또 다른 실재를 존재하게 하심으로써 하나님의 삶에서 나누고 표현되는 사랑을 확장하고자 하신다.

하나님의 형상대로 창조된 인간은 하나님의 사랑을 거역했다. 동료 인간의 행복을 추구하는 대신 다른 사람을 희생시키면서 자신의 이익을 추구했고, 시민들, 특히 힘없고 취약한 사람들을 식민화하고 소외시키는 억압적인 사회를 구축했다.

예수님은 구원을 이루기 위해 세상에 보냄을 받으셨다. 예수님은 세상을 정죄하기 위해서가 아니라 다른 사람들을 위해 겸손, 봉사, 순종, 죽음과 부활의 삶을 통해 세상을 구속하기 위해 보냄을 받으셨다. 그분은 가르침과 모범을 통해 세상이 자기 삶의 방식을 따르고 모든 사람이 충분하고 누구도 두려워할 필요가 없는 공동체인 하나님 나라에 참여하라고 부르셨다. 예수님은 죽음과 부활을 통해 죄와 사망의 권세를 이기시고 세상을 하나님과 화목하게 하셨다.

성령님은 예수님을 따르는 사람들이 예수님의 변혁적 선교를 계속하도록 부르시고, 인도하시고, 능력을 주시기 위해 세상에 보냄을 받으셨다. 성령님은 예수 그리스도를 중심으로 모든 종족과 민족에서 새로운 공동체를 불러내어 세상을 향한 하나님의 사랑을 실천하고 하나님의 나라를 선포하고 세우는 변혁적 선교를 계속할 수 있도록 힘을 부여하신다.

이런 헌신은 하나님 선교의 연속으로서 세상으로 보냄을 받은 공동체인 교회의 선교를 이해하는 신학적 배경을 제공한다. 예수님이 보냄을 받으신 것처럼, 교회를 하나님 나라의 표지, 도구, 맛보기로 보내신다.[2] 따라서 교회의 역사적, 현대적 구현은 하나님의 우주적 선교의 지역적 전초기지이다.

---

2 하나님 나라의 표지, 도구, 맛보기로서 교회 개념은 레슬리 뉴비긴의 다음 책에서 나왔다. *Foolishness to the Greeks: The Gospel and Western Culture* (Grand Rapids: Eerdmans, 1986), 124.

이전 장에서 우리는 마태복음 28장을 하나님의 선교와 관련하여 간략하게 살펴보았다. 이제 하나님의 선교와 관련하여 교회의 선교를 이해하기 위해 요한복음 20장 21~23절에 나오는 예수님의 말씀을 탐구하려 한다. "예수께서 또 이르시되 '너희에게 평강이 있을지어다 아버지께서 나를 보내신 것 같이 나도 너희를 보내노라' 이 말씀을 하시고 그들을 향하사 숨을 내쉬며 이르시되 '성령을 받으라 너희가 누구의 죄든지 사하면 사하여질 것이요 누구의 죄든지 그대로 두면 그대로 있으리라 하시니라.'" 여기서 교회를 대표하는 제자들은 아버지께서 아들을 보내신 본을 따라 예수님에 의해 세상으로 보냄을 받는다. 그들은 예수님의 일을 계속하도록 부름을 받는다.

이 보냄은 교회의 존재 이유와 목적의 핵심이며, 교회의 존재와 활동의 모든 것을 형성해야 한다. 선교는 단순히 교회의 많은 프로그램 중 하나이거나 특별히 부름을 받은 소수의 사람이 먼 땅에서 복음을 선포하는 일이 아니다. 『선교적 교회』의 저자들에 따르면, 선교는 "교회를 하나님의 보내심을 받은 백성으로 정의한다. 우리가 선교로 정의되지 않으면, 복음의 범위와 교회의 사명을 축소하는 것이다. 따라서 오늘날 우리의 도전은 선교가 있는 교회(church with mission)에서 선교적 교회(missional church)로 나아가는 것이다."[3] 1998년 이 책이 출간된 이후, 선교적 교회라는 용어는 점점 더 탈기독교적인 사회적 분위기 속에서 교회의 본질

---

3 Darrell L. Guder, ed., *Missional Church: A Theological Vision for the Sending of the Church in North America* (Grand Rapids: Eerdmans, 1998), 6. 구더(Guder)가 이 책의 프로젝트 코디네이터이자 편집자 역할을 했고, 구더(Guder), 로이스 바렛(Lois Barrett), 이나그레이스 디트리히(Inagrace T. Dieterrich), 조지 훈스버거(George R. Hunsberger), 앨런 록스버그(Alan J. Roxburgh), 크레이그 반 겔더(Craig Van Gelder)를 포함한 저자 팀이 공동 집필했다.

에 관한 신학적, 실천적 대화에서 흔히 쓰이게 되었다. 사실, 선교적 교회라는 개념은 보편화되어, 이 개념에 내재한 역동성을 포착하려는 수많은 대화, 네트워크, 프로그램 및 출판물을 낳았다.[4]

아들의 선교와 교회의 선교 사이의 긴밀하고 불가분한 관계는 요한복음 20장 21~23절에서 두 가지 방식으로 확립된다. 첫째, 예수님이 요단강에서 세례를 받으실 때 선교를 위해 기름을 부으셨던 약속된 성령님의 은사를 통해서이다. 이제 이 성령님이 교회가 예수님의 선교를 이어갈 때 인도하시고 능력을 주실 것이다. 둘째, 예수님이 자기 선교의 중심이었던 죄 사함의 권세를 교회에 맡기심을 통해서이다.

네슬리 뉴비긴은 이 장면이 단순히 하나님이 죄를 용서하신다는 일반적인 생각 이상을 전달한다고 말한다. 이는 세상에서는 하지 않을 일, 즉 "우리가 육신을 입고 말과 행동과 몸짓으로 할 수 있는 유일한 방법으로 구체적인 상황에 있는 실제 사람들에게 하나님의 용서를 가져다주는" 구체적인 사명을 전달한다.[5] 하나님의 평화의 선물을 가능하게 하는 것은 죄의 용서이다. 이스라엘의 하나님과 예수 그리스도의 모든 것을 포괄하는 축복인 평화 또는 샬롬의 회복은 교회에 주어진 사명의 내용을 표현하는 가장 단순하고, 설득력 있고, 포괄적인 방법이다. 이것이 예수님이 제자들에게 하신 첫 말씀의 초점이다. "너희에게 평강이 있을지어다"(20:19). 예수님이 제자들에게 말씀하시는 이 평화는 창조 질서 안

---

[4] 선교적 교회에 대한 대화의 폭은 다음 책에서 조사되고 평가되었다. Craig Van Gelder and Dwight J. Zscheile, *The Missional Church in Perspective: Mapping Trends and Shaping the Conversation* (Grand Rapids: Baker Academic, 2011).

[5] Lesslie Newbigin, *The Open Secret: An Introduction to the Theology of Mission*, rev. ed. (Grand Rapids: Eerdmans, 1995), 48.

에 하나님 나라가 임재하는 가장 핵심적인 요소 중 하나이며, 아마도 가장 잘 드러나는 표식일 것이다. "교회는 세상의 생명을 위한 하나님 평화의 선물을 자기 삶에 실현하기 위해 세상의 삶 속으로 나아가는 운동이다. 그러므로 교회는 하나님의 나라를 선포할 뿐만 아니라 그 나라의 임재를 자기 삶에 품도록 보냄을 받는다."[6]

교회의 선교는 내부 공동체 삶의 성격과 세상에서의 외부 활동을 모두 포함한다. 교회가 세상에 파송된 이유인 교회의 선교에 대한 이 포괄적인 비전에 대해 마이클 고먼은 이렇게 주장한다. "이미 1세기에 사도 바울은 자신이 돌본 공동체가 단순히 복음을 믿는 데 그치지 않고 복음이 되어 하나님의 삶과 선교 참여하기를 원했다."[7] 이런 관점에서, 복음은 선포해야 할 메시지이자 그것을 실천하는 방식을 보여주는 것이다. 복음은 하나님이 예수 그리스도 안에서 죄와 사망의 권세로부터 세상을 해방하시고 인간과 하나님, 인간 상호 간, 모든 피조물을 화목하게 하시어 우주에 샬롬을 이루신다는 메시지이다. 복음은 다가올 종말론적 충만을 기대하면서도 현재의 실재를 잠정적으로 선포하는 삶의 방식을 보여준다.

교회는 이 기쁜 소식을 믿고 그에 따라 살 준비가 된 예수 그리스도를 따르는 사람들이 모인 공동체이다. 데이비드 보쉬의 말을 빌리자면, 선교는 예수 그리스도 안에서 알려진 하나님의 선교에 교회가 참여하는 것으로, "세상을 위해 공동체의 증거로 성육신된, 하나님 사랑의 기쁜 소

---

6 Newbigin, *Open Secret*, 48-49.
7 Michael J. Gorman, *Becoming the Gospel: Paul, Participation, and Mission*, The Gospel and Our Culture Series (Grand Rapids: Eerdmans, 2015), 2.

식이다."[8] 이제 우리는 공동체의 증거로 하나님의 사랑을 성육신하는 이 측면에 주목할 것이다.

공동체로서의 교회

공동체의 개념을 이해하기 위해서는 개인주의 전통과 공동체주의 전통 사이의 지속적인 대화를 이해하는 것이 중요하다. 일반적으로 서구 문화는 사회 구성원 간의 관계를 형성할 수 있는 일련의 가치를 지닌 두 가지 사고 전통의 계승자로 생각한다.

개인주의 전통은 모든 형태의 사회생활에서 인간 개개인의 우위를 주장하고 개인 간의 계약을 모든 사회적 상호 작용의 기초로 간주한다. 이 전통은 개인의 자유, 자기 계발, 사생활, 성취, 독립, 분리, 자기 이익과 같은 가치를 장려한다. 이런 가치의 실천은 타인과의 접촉을 가져올 수 있지만, 그 본질적인 의미는 사람들 사이의 상호 작용이 아니라 타인과의 관계와 분리된 개인의 권리와 필요에 연결되어 있다.

이 전통의 핵심은 존재론적 개인주의로, 인간 조건의 궁극적인 진리는 우리 사회나 다른 사람과 공유하는 관계가 아니라 고립된 개인 자아에서 찾을 수 있다는 믿음이다. 개인주의 전통은 자유주의 정치이론과 밀접한 관련이 있다. 이 개념에서 정치적 질서는 사회 계약의 이념과 함께 사회적 원자론에 기초한다. 이 이론에 따르면, 자율적인 자아가 모여

---

8 Bosch, *Transforming Mission*, 532.

국가를 형성하고, 개인의 이익을 위해 특정 개인의 특권을 전체에 포기하기로 서로 계약을 맺는다.

개인주의적 전통은 17세기와 18세기 사상가들에게 뿌리를 두고 있는데, 그들은 당시 진행 중이던 두 가지 문화적 변화, 즉 구 봉건 사회의 고질적인 신분제의 소멸과 시장 경제, 산업화, 전문화, 도시화를 특징으로 하는 근대 세계의 부상에 지적으로 대처하고자 했다. 이 새로운 이해는 관습이나 전통이 아닌 자유인 사이의 계약을 모든 인간 상호 작용의 기초로 보았다. 이 관점의 설계자들은 사회 규칙, 경제 구조, 심지어 가족 형성까지도 계약이 없이는 개인의 정체성과 자의식을 얻을 수 없는 개인들 간의 계약에서 파생된 인위적이고 편리한 제도라고 주장했다. 이런 맥락에서 개인의 책임보다는 권리가 더 기본적인 도덕 개념이 되었다.

개인주의는 전통이나 공동체와 독립적으로 존재하는 자율적인 자아를 가정하는 현대 미국 사회에서 여전히 강력한 영향력을 행사하고 있다. 예를 들어, 이는 사람들이 주로 자신이 내리는 특정 선택을 기준으로 자신을 정의하는 경향에서 분명하게 드러난다. 이런 관점에서 자율적 자아를 미국 문화의 사회적, 정치적 구조가 형성되는 주요 맥락으로 간주한다.

개인주의 전통에 대한 대안으로서 공동체주의 전통은 인간 존재의 사회적 본질을 강조한다. 이는 자아에 대한 우리의 이해가 다른 사람, 제도 및 전통과의 연결에 의해 형성된다고 주장한다. 따라서 이 전통은 집단을 우선시하고, 개인적 존재에 있어 관계의 중요성을 높이며, 사람들 간의 상호 작용은 그것이 발생하는 사회적 맥락 내에서만 의미를 갖는다고 말한다. 유대감, 소속감, 의존성, 사회적 참여, 공익과 같은 관계적 특성을 중시한다. 또한, 이 이론을 지지하는 사람들은 무엇이 옳은지에 대한 개념과 사회 조직에 관한 제안은 항상 공동선에 대한 어떤 비전을 전제로 한다고 주장한다.

공동체주의 관점에서 볼 때, 개인주의의 근본적인 단점은 삶의 사회적 차원과 자아 형성에 있어 그 중요성을 최소화한다는 것이다. 자율적 자아에 초점을 둔 개인주의는 우리가 누구인지 발견하고 우리의 가장 깊은 신념을 분별하는 과정은 주로 강렬한 자기 성찰을 통해 이루어지며, 나아가 이런 엄격한 자기 성찰은 우리가 참여하는 사회적 전통과 공동체와 분리되어 있을 때 가장 잘 수행된다고 주장한다. 공동체주의자들은 이에 동의하지 않는다. 그들은 다른 사람, 제도 및 전통과의 관계에서 이런 통찰력을 더 성공적으로 발전시킬 수 있다고 주장한다. 왜냐하면 우리는 다른 사람과의 상호 작용과 제도적 구조와 문화적 패턴에 의해 형성된 관계, 그룹, 협회 및 공동체에서의 활동을 통해 우리 자신을 알게 되기 때문이다. 간단히 말해, 우리는 우리 자신으로 끝나지 않는다.

공동체주의자들은 사회적 자아의 개념과 인간 존재의 중요한 측면에 대한 사회적 단위의 중요성을 강조한다. 예를 들어, 공동체주의자들은 우리가 속한 공동체가 진리, 의미, 가치에 대한 개념을 이해하는 데 필수적 요소라고 주장한다. 그들은 앎의 과정이 공동체에 의해 개인에게 매개되는 인지적 틀에 의존하기 때문에, 더는 자기 성찰적이고, 자율적인 주체에 초점을 맞추는 개인주의적 패러다임을 고수할 수 없다고 주장한다. 이런 비판은 근대성에 공통된 개인주의적 합리주의를 사회적, 관계적으로 구성된 지식과 신념에 대한 이해로 대체할 수 있는 기초를 형성한다.

　이 두 전통 사이의 논쟁이 계속되는 가운데, 일부에서는 상반되는 레이블의 가치에 의문을 제기하고 특히 어느 전통도 다른 전통의 중요성을 무시하지 않기 때문에 그런 개념들이 실제 가치가 있을 만큼 충분히 구별되지 않는다는 의견을 제시했다. 따라서 대부분의 현대 개인주의자는 자아 발달에서 공동체의 중요성을 인정하는 반면, 공동체주의자들은 건강한 공동체에 있어 차이와 다양성의 중요성, 독립적인 판단과 정직한 자기표현의 중요성 등 개인주의 전통에서 강조하는 측면에 가치를 부여한다. 이 두 사상은 상호의존적이다. 인간의 경험은 항상 동시에 그리고 불가분하게 사회적이며 개인적이다. 개인이 참여하는 사회 공동체를 떠나서는 정체성이 형성될 수 없으며, 공동체를 구성하는 개인을 떠나서는 공동체도 존재하지 않는다. 기독교 신학적 관점에서 볼 때 인간은 공동체를 위해 창조된 개인이다.

　공동체를 정의하려 할 때, 사람들이 여러 공동체에 동시에 참여하는 경우가 많기 때문에, 경계의 개념이 유동적이고, 중첩되며, 상호 연관되어 있다는 점을 고려해야 한다. 또한 이론가마다 공동체의 본질에 관한 견해가 서로 다르기 때문에 통일된 개념이 존재하지 않는다. 이런 어려움에도 불구하고, 이 용어와 그것이 내포하는 개념의 광범위한 사용은 현대적 사고에서 얻은 견인력과 결합하여 공동체의 개념이 특히 하나님의 관계적 특성과 성경 이야기에서 이 개념이 갖는 중요성에 비추어 볼 때 여전히 매우 유익하다는 것을 시사한다. 따라서 교회가 단순히 개인의 집합체가 아닌 통합된 공동체라는 개념을 형성하는 데 도움이 될 수 있는 세 가지 핵심 요소를 살펴보도록 하겠다.

첫째, 공동체는 비슷한 기준을 공유하고 있음을 의식하는 사람들로 구성된다. 특정 공동체의 참가자는 광범위한 주제와 문제에 대해 매우 다른 관점을 가질 수 있지만, 삶에 대한 비슷한 시각을 공유하는 경향이 있다. 그들은 비슷한 방식으로 세상을 보고, 공통된 방식으로 세상을 살피고 해석하는 경향이 있다. 이런 공통성은 개인이 특정 공동체에 더 오래 참여할수록 그룹의 특정 관점이 당연한 방식으로 작동하기 시작하면서 더 깊어지는 경우가 많다. 이는 참여자들이 세상을 구성하는 상징의 의미에 관해 모두 동의하지 않더라도, 유사한 언어 및 상징적 도구와 개념을 사용하여 자신이 살고 있는 세상을 구성하기 때문에 발생한다.

둘째, 모든 공동체에는 집단 중심 의식이 존재한다. 이 측면은 아마도 공동체에 대한 다양한 정의에서 가장 일반적일 것이다. 공동체는 사회적으로 연결되어 있고 공동 관심사에 대한 대화와 의사 결정을 공유하고, 공동체를 정의하고 육성하는 공통의 관행을 공유하는 집단의 사람들로 구성된다. 집단에 대한 이런 초점은 집단과 그들의 삶에서 집단의 중요성에 관심을 기울이는 공동체 구성원들 사이에 공유된 정체성을 형성한다. 이 집단 정체성의 한 가지 중요한 측면은 공동체의 참가자로서 공동체 구성원 간의 연대감을 불러일으키는 공통의 작업에 참여한다는 믿음이다. 하지만 집단 초점은 만장일치와 의견의 통일성을 요구하지 않는다. 오히려 그룹의 정체성을 구성하는 요소에 대한 지속적인 토론에 참여하는 공통 관심사가 공동체의 표시이다. 건강한 공동체는 그룹이 비전을 수립하고 변화하는 세상의 도전과 씨름할 때 집단의 약속과 지속적인 관심사에 관한 활발한 대화와 진지한 토론을 통해 형성된다.

마지막으로, 공동체의 집단지향성은 구성원들이 공동체로부터 개인의 정체성을 끌어내도록 이끈다. 이런 맥락에서, 집단은 구성원의 정체성을 형성하는 중요한 요소이다. 공동체의 구성원은 단순히 삶과 세상에 대한 일반적인 공통의 관점을 공유하는 것이 아니며, 단순히 집단 중심에 의해 형성되는 것도 아니다. 그들은 어느 정도 자신이 속한 공동체가 정의하는 바에 따라 자신의 정체성을 이해한다. 즉, 공동체는 개인의 정체성을 구성하는 요소가 된다.

하나님의 선교에 신실하게 참여하는 공동체를 세우는 것은 교회 선교의 일부이다. 이는 여전히 현대 문화의 직관과 습관을 형성하고 있는 개인주의 전통의 영향으로 인해 도전받는다. 사회 질서에 대한 현대적 개념을 형성하는 개인주의와 사회적 원자론은 사회를 개인적으로 유리한 사회 계약을 체결하는 자율적인 개인의 산물로 본다. 이 계약적 개념의 교회론은 교회를 개별 신자들의 자발적인 연합으로 간주한다. 신자 개개인의 정체성은 회중에서 자신의 존재보다 앞서는데, 이는 그들이 모여 교회를 이루기 전에 그것이 이미 형성된다고 가정하기 때문이다. 이 모델에서 교회가 신자를 구성하는 것이 아니라, 신자가 교회를 구성한다. 교회 회원은 회원이 되기 전이나 회원이 아니더라도 완전한 기독교인으로 간주한다. 결국, 교회는 기독교 사회를 형성하기 위해 서로 계약을 맺은 개별 기독교인의 집합체이다.

이런 계약적 교회론은 많은 현대 교회 생활의 특징이다. 북미에서, 사람들은 종종 종교를 공동체나 조직에 헌신하기 전에 이루어지는 개인의 선택으로 여긴다. 이런 맥락에서, 지역 교회에 참여하는 것은 종종 정체성 형성에 최소한의 역할만 하는 또 다른 자발적인 사회에 참여하는 것이 된다. 덧붙여서, 가시적인 교회 공동체에 참여하는 것은 전통적으로 기독교 신앙의 필수 요소로 여겨져 왔지만, 계약적 관점에서 볼 때 이는 선택 사항으로 간주한다.

계약적 정치 이론은 서구 민주주의의 발전에 부인할 수 없는 유익한 역할을 해왔지만, 현대 개인주의와의 연관성은 교회론과 하나님의 선교에 대한 온전한 공동체적 참여에 파괴적인 영향을 미쳤다. 계약적 교회론은 서구 민주주의의 발전과 함께 개인주의의 충동 아래서 교회의 가치를 떨어뜨리는 경향이 있다. 이는 그리스도의 제자 공동체를 특정 종교적 관습에 대한 공통된 관심사로 뭉치거나 기독교 단체에 가입하는 것이 개인의 이익에 기여할 것이라고 믿는 사람들이 형성하는 사회, 즉 특정한 생활 방식의 영역에 불과한 것으로 축소한다. 이런 이유로, 교회 공동체의 확립은 현대 교회론에서 시급한 도전이자 관심사가 되었다. 교회가 하나님의 선교에 진정으로 신실하게 참여하려면, 진정한 공동체 의식을 회복하는 것이 매우 중요하다.

교회, 하나님의 형상과 하나님 나라의 표지

기독교 신학자들은 전통적으로 하나님의 형상(*imago Dei*) 개념을 중심으로 신학적 인간학을 구성해 왔다. 유대-기독교의 관점에서, 인간의 정체성은 인간이 하나님의 형상으로 창조되었기 때문에 신의 형상을 지닌 존재라는 생각과 결부되어 있다. 성경은 인간이 하나님의 형상으로 창조되었다고 주장하지만, 이 진술의 정확한 의미에 대한 자세한 설명을 제공하지 않는다. 신학자들은 하나님 형상의 본질이나 내용을 이해하는 가장 좋은 방법에 관한 다양한 공식을 제시해 왔다.

그 이미지에 대한 가장 오랜 해석은 그것을 인간 인격의 구조로 보는 것이다. 이런 이해에서 하나님의 형상은 인간을 인간으로 구성하는 속성으로 구성되며, 특히 도덕적 본성과 결합한 합리성의 능력을 강조한다. 이 견해는 중세 스콜라 신학자들뿐만 아니라 초기 기독교인들의 글에도 널리 퍼져 있다. 이는 개신교 종교개혁에서 어느 정도 도전을 받았지만, 개신교 정통 신학에서 다시 우세를 되찾았고 스콜라 사상의 영향을 받은 신앙 전통에서 여전히 영향력을 발휘하고 있다.

관계성과 운명이라는 두 가지 개념이 이 논의를 진전시켰다. 오랫동안 기독교 전통의 일부였던 관계성은 개신교 개혁자들의 작업에서 새롭게 강조되었는데, 이들은 인간 내면에 존재하는 것으로 추정되는 형식적인 구조보다는 인간 존재를 특징짓는 하나님 앞에서의 특별한 위치에 주된 초점을 두는 경향이 있었다. 이 관계는 인간의 죄와 반역으로 인해 훼손되었지만, 그리스도를 통해 회복되었다. 종교개혁자들은 또한 하나님의 형상이 인간의 운명과 연결되어 있다는 개념을 확장했다. 이 개념의 토대는 이레니우스의 기독론적 공식과 예수님이 인간 이야기의 "재현"이라는 그의 제안에 있다. 이 개념을 바탕으로, 마틴 루터는 인류가 죄로 인해 하나님의 형상을 잃었지만, "말씀(the Word)과 성령을 통해" 회복될 수 있다고 선언했다.[9] 현재에서 시작되는 이 회복은 만물의 종말론적 완성에서 절정에 이르고, 인간을 타락으로 잃어버린 것보다 더 높은 위치에 올려놓는다. 하나님 형상의 완성은 인간이 창조된 목적인 영

---

[9] Martin Luther, *Lectures on Genesis, in Luther's Works*, ed. Jaroslav Pelikan, trans. George V. Schick, American Edition (St. Louis: Concordia, 1958), 2:141.

원한 삶이다. 따라서 이런 의미에서 하나님의 형상은 궁극적으로 인간을 향한 하나님의 의도이자 목적, 또는 운명이다.

이런 관점에서 볼 때, 인간이 하나님의 형상으로 창조된 것은 존재론적 지위요, 관계적 소명이며, 인간이 나아가야 할 운명이다. 이 종말론적 목적지는 또한 인간에게 잠재력의 형태로 현재 존재하는 미래의 현실이기도 하다. 다니엘 밀리오레가 말했듯이, "하나님의 형상으로 창조된 것은 상태나 조건이 아니라 목적이 있는 움직임이다. 인간은 아직 실현되지 않은 삶의 완성을 위해 움직이고 있다."[10] 창세기 1장 26절의 "하나님이 이르시되 우리의 형상을 따라 우리의 모양대로 우리가 사람을 만들고 그들로 바다의 물고기와 하늘의 새와 가축과 온 땅과 땅에 기는 모든 것을 다스리게 하자 하시고"라는 말씀은 이 성취를 다스림의 개념과 연결한다.

하지만 다스림이라는 개념은 근대 산업 사회의 이데올로기를 배경으로 읽기보다는 히브리어 성경의 왕국 신학의 맥락에서 이해해야 한다. 고대 근동의 왕들은 종종 자신이 직접 거할 수 없는 도시나 영토에 자신의 이미지를 남겼다. 지상의 왕들이 자신이 물리적으로 거하지 않는 영토에 대한 통치권을 나타내기 위해 자신의 형상을 세운 것처럼, 인간도 지상에서 하나님의 통치권을 나타내는 하나님의 주권적 상징 또는 형상으로서 하나님의 이미지로 지상에 세워진다.[11] 인간은 피조물에 대한 하나님의 사랑의 돌보심을 반영하도록 부름을 받았다.

---

10 Daniel L. Migliore, *Faith Seeking Understanding: An Introduction to Christian Theology* (Grand Rapids: Eerdmans, 1991), 128.

11 Gerhard von Rad, *Genesis*, trans. John H. Marks, *Old Testament Library* (Philadelphia: Westminster, 1972), 58.

하나님의 형상을 하나님을 대표하도록 우리에게 주어진 신성한 소명과 연결하여 보는 것은 모든 사람이 하나님의 형상대로 만들어졌고 모두가 하나의 인간 목적을 공유한다는 것을 의미한다. 하지만 신약 성경 저자들은 하나님의 형상 개념을 특히 하나님의 성품을 분명하게 나타내신 예수 그리스도에게 적용한다(고후 4:4~6; 골 1:15). 더 나아가, 그리스도와 연합한 사람들은 하나님의 형상으로서 그분의 역할을 공유한다. "그리스도 안에" 있는 모든 사람은 그들의 삶이 그리스도의 영광을 반영하도록 그분의 형상으로 변화된다. "우리가 다 수건을 벗은 얼굴로 거울을 보는 것 같이 주의 영광을 보매 그와 같은 형상으로 변화하여 영광에서 영광에 이르니 곧 주의 영으로 말미암음이니라"(고후 3:18). 사실, 하나님이 인류에게 정하신 것은 하나님의 형상이신 그리스도를 본받는 것이다(롬 8:29; 요일 3:2). 이런 이유로, 바울은 우리가 그리스도의 부활에 참여함으로써 그리스도 안에서 하나님의 형상을 지니게 되리라는 소망을 선포한다(고전 15:49~53). 요컨대, 성경의 전체 파노라마는 하나님의 성품을 반영하여 하나님의 형상이 되는 소명을 성취하는 백성을 존재하게 하는 하나님의 목적을 제시하는 것으로 읽을 수 있다.

마태복음에서, 예수님은 요한이 잡힌 후에 이사야가 말한 것을 이루시려고 갈릴리로 물러가셨다. 그리고 마태는 이렇게 말한다. "이때부터 예수께서 비로소 전파하여 이르시되 회개하라 천국이 가까이 왔느니라 하시더라"(마 4:17). 마찬가지로, 마가는 복음의 시작이 예수님이 갈릴리에서 전파하신 것과 일치한다고 말한다. "이르시되 때가 찼고 하나님의 나라가 가까이 왔으니 회개하고 복음을 믿으라 하시더라"(막 1:15). 이 선포를 통해 복음서 저자들은 세상에서 하나님의 통치를 기대하는 길고 어려운 세월이 지나고, 하나님의 나라가 나사렛 예수 안에서 볼 수 있는 눈과 들을 수 있는 귀가 있는 사람들 사이에서 행동을 요구하는 새롭고 결정적인 방식으로 가까이 왔다고 선언한다. "신약 성경이 하나님의 나라 선포에 관해서만 이야기했다면 '새'라는 형용사가 정당화될 수 없다. 선지자들과 세례 요한도 하나님의 나라를 선포했다. 새로운 것은 예수님 안에 하나님 나라가 있다는 것이다."[12] 히브리어 성경에 의해 사상이 형성된 사람들에게 그 추론은 분명하다. 하나님 나라의 도래는 더 이상 머나먼 희망이 아니라 예수님의 인격 안에 있는 현재의 실재이다. 예수님의 인격 안에서 하나님 나라의 선포와 임재는 회개의 행동, 즉 죄와 죽음의 길에서, 타인을 이기적으로 착취하고 억압하는 데서 돌이킬 것을 요구한다. 그것은 제자도로 표현되는 새로운 삶의 방식에로의 부르심이다.

교회는 아버지께서 아들을 보내신 방식을 따라 세상에 보냄을 받는다. 교회는 말과 행동으로 복음을 선포함으로써, 그리고 마태복음 28장 18~20절에서 예수께서 제자들에게 주신 마지막 위임령을 따라 예수님의 방식으로 제자도를 실천하고 제자를 만드는 데 헌신하는 사람들의 공동체로서, 하나님 나라의 표지가 되어야 한다. "예수께서 나아와 말씀하여 이르시되 하늘과 땅의 모든 권세를 내게 주셨으니 그러므로 너희는 가서 모든 민족을 제자로 삼아 아버지와 아들과 성령의 이름으로 세례를 베풀고 내가 너희에게 분부한 모든 것을 가르쳐 지키게 하라 볼지어다 내가 세상 끝날까지 너희와 항상 함께 있으리라 하시니라." 이전 장에서 살펴본 것처럼, 제자도는 하나님의 선교에 따라 세상을 변화시키

---

12 Newbigin, *Open Secret*, 40.

기 위한 하나님의 계획이다.

교회가 예수님의 본을 따라 하나님 나라의 복음과 모든 사람을 향한 하나님의 사랑을 선포하고 이 기쁜 소식을 듣는 사람들에게 죄를 회개하고 예수님의 제자가 되라고 촉구할 때, 세상에서 새로운 삶의 방식이 그려지고 확립된다. 이는 새로운 공동체, 즉 세상을 향한 하나님의 사랑을 실천하고, 사람들을 하나님 나라의 축복과 평화로부터 배제하는 데 자주 사용되는 분열을 초월하는 환영하고 포용하는 공동체의 형성으로 이어진다. 교회가 복음 선포와 예수님의 길을 따르는 제자도를 통해 새로운 공동체에 대한 이런 포괄적인 비전을 추구하고 구현할 때, 하나님 나라의 표지로서 하나님의 형상을 지닌다.

교회, 그리스도의 몸이며 하나님 나라의 도구

그리스도의 몸인 교회는 세상으로 보냄을 받아 성령님의 능력으로 예수님의 선교를 계속하도록 부름을 받았다. 하나님이 교회 밖에서 일하신다는 것은 분명 사실이지만, 신약성경에서 교회를 그리스도의 몸으로 묘사하는 것은 교회가 세상에서 하나님 선교의 중심이 되어야 한다는 결론에 이르게 한다. 교회의 선교는 예수님의 선교와 사역에 의해 형성된다. 누가복음에서 인용할 수 있는 많은 본문 중 특별히 두 성경 본문은 예수님의 선교를 가리키며, 예수님을 보내신 방식에 따라 하나님이 세상에 보내신 교회의 삶과 증거를 특징짓는다.

첫 번째는 예수님의 공생애 첫 번째 사건에 대한 누가의 기록에서 찾을 수 있다. 무대가 마련되었다. 마리아는 가브리엘 천사로부터 처녀이지만 아들을 낳아 이름을 예수라 할 것이며, 그는 지극히 높으신 분의 아들이 될 것이며 그 왕국은 영원히 끝나지 않을 것이라는 말을 들었다. 이에 마리아는 교만하고 권세 있는 자를 낮추시며 비천한 자를 붙드시고, 주린 자를 좋은 것으로 채우시며 부자를 빈손으로 보내시는 주님을 기뻐한다. 주님의 천사가 이는 온 백성에게 미칠 큰 기쁨의 좋은 소식이라는 약속과 함께 메시아의 탄생을 목자들에게 알렸다. 세례 요한은 주님의 도를 전파하여 그 길을 예비하였고, 예수님은 광야에서 마귀의 시험을 이기셨다.

그 후 예수님은 갈릴리 회당에서 말씀하고 가르치기 시작하시고 마침내 자신이 자라나신 나사렛에 오신다. 예수님은 그곳에서 선지자 이사야의 말씀을 자신이 성취하도록 보냄을 받은 사역의 요약으로 선포하신다.

> 예수께서 그 자라나신 곳 나사렛에 이르사 안식일에 늘 하시던 대로 회당에 들어가사 성경을 읽으려고 서시매 선지자 이사야의 글을 드리거늘 책을 펴서 이렇게 기록된 데를 찾으시니 곧 주의 성령이 내게 임하셨으니 이는 가난한 자에게 복음을 전하게 하시려고 내게 기름을 부으시고 나를 보내사 포로된 자에게 자유를, 눈먼 자에게 다시 보게 함을 전파하며 눌린 자를 자유롭게 하고 주의 은혜의 해를 전파하게 하려 하심이라 하였더라 책을 덮어 그 맡은 자에게 주시고 앉으시니 회당에 있는 자들이 다 주목하여 보더라 이에 예수께서 그들에게 말씀하시되 이 글이 오늘 너희 귀에 응하였느니라 하시니 (눅 4:16-21)

예수님은 공생애 초기에 세상을 하나님의 의도대로 변화시키는 선교의 핵심 요소를 제시하신다. 이 구성 요소는 자유롭게 함이라는 단어로 요약할 수 있다. 예수님의 자유롭게 하는 사역에 대한 이런 강조는 교회를 억압과 예속의 세력으로부터 인류를 자유롭게 하는 예수님의 투쟁에 참여하는 그리스도를 따르는 공동체로 이해하는 것이다. 교회의 선교는 예수님의 선교에 따라 하나님의 자유롭게 하는 활동의 의미를 선포하고 실천하는 것이다. 그리하여 이 세상의 억압적인 권세 아래 사는 사람들이 이런 권세로부터 자유롭게 됨이 세상에서 하나님의 선교임을 알게 될 것이다. 그리스도의 몸인 교회는 모두 사람을 위한 사회 정의의 자유롭게 하는 활동에 있어 하나님의 도구이다.

가난하고 소외된 사람들에 대한 이런 관심은 마태복음 25장 31~40절에서 양과 염소를 분리하는 예수님의 이야기에 강력하게 표현된다.

인자가 자기 영광으로 모든 천사와 함께 올 때에 자기 영광의 보좌에 앉으리니 모든 민족을 그 앞에 모으고 각각 구분하기를 목자가 양과 염소를 구분하는 것같이 하여 양은 그 오른편에 염소는 왼편에 두리라 그 때에 임금이 그 오른편에 있는 자들에게 이르시되 내 아버지께 복 받을 자들이여 나아와 창세로부터 너희를 위하여 예비된 나라를 상속받으라 내가 주릴 때에 너희가 먹을 것을 주었고 목마를 때에 마시게 하였고 나그네 되었을 때에 영접하였고 헐벗었을 때에 옷을 입혔고 병들었을 때에 돌보았고 옥에 갇혔을 때에 와서 보았느니라 이에 의인들이 대답하여 이르되 주여 우리가 어느 때에 주께서 주리신 것을 보고 음식을 대접하였으며 목마르신 것을 보고 마시게 하였나이까 어느 때에 나그

네 되신 것을 보고 영접하였으며 헐벗으신 것을 보고 옷 입혔나이까 어느 때에 병드신 것이나 옥에 갇히신 것을 보고 가서 뵈었나이까 하리니 임금이 대답하여 이르시되 내가 진실로 너희에게 이르노니 너희가 여기 내 형제 중에 지극히 작은 자 하나에게 한 것이 곧 내게 한 것이니라 하시고

야고보서 1장 27절에서도 마찬가지이다. "하나님 아버지 앞에서 정결하고 더러움이 없는 경건은 곧 고아와 과부를 그 환난 중에 돌아보고 또 자기를 지켜 세속에 물들지 아니하는 그것이니라."

이 본문들은 교회가 현세적인 지금 여기서 자유롭게 하는 활동에 참여하도록 부르심을 받았다는 것을 보여 준다. 이 본문들의 구체성은 자유롭게 하는 활동을 주로 혹은 오로지 영적인 의미로만 상상하는 일반적인 해석을 넘어서는 것이다. 실제로 기독교 역사에서 예수님의 선교에 대한 큰 오해 중 하나는 그분이 주로 내세에서 개인의 운명과 관련된 영적인 나라만을 설교하셨다는 것이다. 이런 관념은 교회의 삶과 교회가 지배적인 문화적 위치에 있었던 사회적 맥락에 해로운 영향을 미쳤다. 가난하고 소외된 사람들을 무시하고 억압하는 현상 유지를 정당화하는 동시에, 그들의 곤경이 하나님의 처벌이라 주장하고 부자와 권력자들에게 영합하는 데 사용되었다.

히브리 전통에 내재한 자유롭게 하는 소명은 기존의 사회 질서가 실제로 변화하는 방식으로 현재에 실현되어야 한다. 구스타보 구티에레즈는 정치적, 문화적, 영적 세 가지 의미에서 이에 관해 말한다. 이 모두가 교회 선교의 일부이다. 이들은 상호 연관되어 있지만 동일하지 않고, 어

느 것도 다른 것 없이는 존재하지 않지만, 서로 구별된다. 이들은 함께 현세 정치 역사에 뿌리를 내리고 있지만, 그것에 의해 소진되지 않는 하나의 포괄적인 구원 과정의 일부이다. 구티에레즈에 의하면, "역사적, 정치적으로 자유롭게 하는 사건은 하나님 나라의 성장이며 구원의 사건이라고 말할 수 있지만, 그것이 하나님 나라의 도래는 아니며 구원의 전부도 아니다."[13] 그리스도의 몸인 교회는 세상에서 하나님의 선교와 복음의 기쁜 소식에 따라 하나님 나라의 도구로서 이 역사적 과정에 참여한다.

자유롭게 하는 범위와 그에 따른 도전은 예수께서 회당에서 선포를 마치신 직후에 일어난 일에서 생생하게 설명된다. 거기에 있던 사람들이 "일어나 동네 밖으로 쫓아내어 그 동네가 건설된 산 낭떠러지까지 끌고 가서 밀쳐 떨어뜨리고자" 했다(누가복음 4:29). 왜 그랬을까?

예수님은 자유롭게 함이 특정 집단뿐만 아니라, 모든 사람에게 적용된다고 강조하셨다. 이 점을 강조하기 위해 예수님은 위대한 선지자 엘리야와 엘리사의 이야기를 들려주신다. 엘리야는 유대인이 아닌 과부를 돕기 위해 보냄을 받았다. 엘리사는 하필 적군 사령관이었던 문둥병자를 고쳤다. 자유롭게 하는 하나님의 은혜와 사랑은 선택된 소수만이 아니라, 모두를 위한 것이다. 이는 군중이 듣기 원했던 것이 아니다. 그들은 하나님이 그들의 압제자들에게 정죄와 진노를 내리셔서 이스라엘을 이교도 적들로부터 자유롭게 해 주실 것을 기다리고 있었다. 하지만 예수님은 이스라엘의 적들 역시 모든 사람을 향한 하나님의 사랑이라는 좋

---

13 Gustavo Gutiérrez, *Theology of Liberation* (Maryknoll, NY: Orbis, 1973), 176-77.

은 소식의 수혜자임을 암시하신다.

이것이 바로 하나님 사랑의 스캔들이다. 그 사랑은 우리 자신과 우리의 적을 포함한 모든 사람에게 미친다. 우리는 하나님이 우리를 사랑하시고 우리 삶에 용서와 자유롭게 하심의 은총을 베푸신 것을 기뻐한다. 그러나 우리는 대가를 치르더라도 이 은사를 다른 사람들에게 베풀어야 할 책임이 있음을 잊지 말아야 한다. 이것이 기독교 신앙의 메시지이다. 즉, 우리가 하나님의 원수 되었을 때, 하나님이 예수 그리스도 안에서 우리를 사랑하셨다는 것이다. 교회는 감사의 마음과 행위로 하나님 사랑의 자유롭게 하는 소식을 모든 사람과 나누도록 부름을 받았다.

누가복음 4장 외에 예수님의 선교를 언급하는 두 번째 본문은 누가복음 19장 1~10절이다. 이 본문은 예수님과 세리 삭개오의 이야기로 예수님이 삭개오에게 말씀하시는 것으로 마무리된다. "예수께서 이르시되 오늘 구원이 이 집에 이르렀으니 이 사람도 아브라함의 자손임이로다 인자가 온 것은 잃어버린 자를 찾아 구원하려 함이니라"(9~10절). 교회는 예수님의 본을 따라 잃어버린 자를 찾고 그리스도 안에 있는 구원의 기쁜 소식을 선포하기 위해 세상에 보냄을 받았다. 복음 전도는 잃어버리고 깨어진 세상을 향한 하나님의 화해시키는 선교의 중심적인 측면이다.

사회 정의와 자유롭게 함의 추구를 전도에서 분리한 사람들에 대한 대응으로, 앞 구절에서 삭개오의 말에 주목하라. "주여 보시옵소서 내 소유의 절반을 가난한 자들에게 주겠사오며 만일 누구의 것을 빼앗은 일이 있으면 네 갑절이나 갚겠나이다"(8절). 회개, 변화, 회복을 포함하는 예수님에 대한 삭개오의 반응은 사회 질서에 직접적인 영향을 미치는 개인적 변화로 이어진다. 전도와 사회정의는 예수 그리스도 안에서 하나님이 모든 것을 화목하게 하신다는 복음을 선포하는 데 있어 분리할 수 없는 요소이다.

교회, 성령님의 거처이며 하나님 나라의 맛보기

성령님은 하나님의 형상대로 지음을 받은 인간을 쉽게 분열시키고 적대감과 의심을 불러일으키는 분열을 초월하는 새로운 공동체를 세우는 하나님의 선교에 참여할 수 있도록 교회에 능력을 부여하신다. 신약성경에서 새롭고 포용적인 공동체에 대한 이 비전은 특히 이방인을 하나님의 가족에 포함시키는 데 초점을 맞추고 있다. 오늘날 상황에서 이 비전은 모든 종족과 민족을 포함한다. 교회가 선교의 이런 측면에 참여할 때, 모든 사람을 위한 하나님의 의도를 잠정적으로 보여 주는 하나님 나라의 맛보기가 되는 소명을 실천한다.

교회가 성령님과 함께 이 일에 참여하는 방법의 하나는 과거와 현재의 전통과 미래를 연결하는 이야기를 전하고 실행하는 것이다. 교회는 세상에 축복이 되라는 하나님의 부르심, 예수님의 삶과 가르침, 하나님 나라의 의도에 따라 열방을 제자로 삼으라는 예수님의 위임에서 시작되는 이야기를 가진 공동체이다. 중요한 의미에서, 교회는 과거에서 시작하여 미래로 확장되는 이야기로 구성된다.

이 구성 이야기는 시간을 단순히 일반적으로 무의미한 사건과 발생의 연속적인 흐름으로 보는 것이 아니라, 교회가 초월적인 목적의식을 가지고 현재를 해석하여 의미 있는 전체로서 시간을 제시하는 이야기로 본다. 이 창립 이야기는 교회를 존재하게 한 패러다임적 사건(들)과 함께 시작된다. 시작과 그 이후의 궤적을 표시하는 중요한 이정표에 대한 이야기가 반복해서 전달되고 제정된다. 단순히 과거 사건을 표현하는 것보다 더 중요한 것은 이야기의 회상이 현재의 개인적, 공동체적 삶을 위해 과거를 구성하는 것이다. 달리 말하면, 과거의 구성적 서사를 읊는 것은 보편 교회의 출현을 구성하는 서사 안에 특정 교회를 위치시킨다. 이런 작업은 과거를 불러내어, 현재로 가져옴으로써, 오랜 세월에 걸친 공동체적 전통의 현대적 구체화로 현재의 교회를 재구성한다.

이 역사는 과거나 현재로 끝나지 않는다. 그것은 미래로 확장되고 아직 실현되지 않은 이상을 향해 앞으로 나아가는 지속적인 발전을 기대한다. 교회는 공동체의 목적과 목표가 온전히 실현될 때를 고대한다. 이런 기대는 현재 공동의 비전을 구현하기 위해 구성원들에게 지속적인 훈계의 역할을 한다.

이 비전을 구성원들 앞에 두는 공동체는 희망의 공동체 역할을 한다. 공동체의 구성 이야기는 고대 과거부터 미래까지 이어지며 현재의 삶을 위한 관점을 제공한다. 또한 공동체 구성원이 자기 삶과 역사에 있어 현재의 순간을 현재를 초월한 이야기의 일부로 바라볼 수 있는 포괄적인 주제를 제공하기 때문에, 현재의 존재에 대한 개연성 있는 설명을 제공한다. 이런 방식으로, 공동체는 구성적 이야기를 다시 하면서 해석의 공동체로 기능한다.

성경에 포함된 구성 이야기는 공동체를 하나로 모으는 신성한 관습과 의식을 통해 전달되고 강조된다. 세례, 성찬, 예배, 성경의 설교와 가르침과 같은 의식이나 성례는 교회 선교의 필수 요소이다. 이들은 구성원들의 결속력을 높이고 헌신을 강화한다. 이런 헌신과 연대의 실천은 공동체의 삶의 방식을 정의하고, 공동체를 활기차게 유지하고 과거와 연속되는 새로운 성장 기회에 주의를 기울이는 역할을 하는 정체성과 의무의 패턴을 형성한다.

어떤 의미에서 현대 서구 교회는 진정한 공동체를 구현하기 위해 분투해 왔지만, 다른 의미에서 교회는 성령의 역사를 통한 공동체이다. 교회는 성경의 증거에 따라 세상에서 일하시는 하나님의 이야기를 중심으로 모인 사람들의 교제이다. 기억해야 할 중요한 점은 이 이야기의 하나님이 교회를 구성하시는 분이라는 사실이다.

더 구체적으로, 교회는 세상 창조의 목적을 위해 성경을 통해 말씀하시는 성령님의 역사로 형성된다. 이는 사회적인 하나님의 본성에 따른 사회적, 공동체적 세계이다. 성령님은 우리를 위하여 새 창조를 이루시는 하나님의 이야기를 중심으로 하는 성경을 통해 말씀하심으로써 예수 그리스도의 이름을 중심으로 모인 사람들의 교제인 새로운 공동체를 형성하신다. 따라서 교회는 구성원들의 총합 그 이상이다. 교회는 특정한 "구성 이야기," 즉 창조에서 완성에 이르는 시대를 포괄하는 성령님이 사용하셔서 공동체를 형성하는 성경의 이야기에 의해 형성되는 특별한 사람들이다. 교회는 이 구성 이야기를 다시 들려줌으로써, 기억과 희망의 공동체로 기능하고 구성원들이 개인 및 공동체 이야기에서 의미를 찾을 수 있는 해석적 틀을 제공한다. 성령님을 통해 교회의 삶에 참여하는 것은 현재를 "태초"(창 1:1)부터 시대의 완성과 "새 하늘과 새 땅"을 수립하는 "마지막"(계 21:1)까지의 역사 가운데 하나님의 행하심의 전체 범위와 연결한다.

이 공유된 이야기의 결과로, 기독교인들은 전 세계와 역사를 통해 서로 연대하고 있다. 지역 교회에서 이런 연대는 구성원들이 공동체적 백성으로서 서로의 관계를 통해 발견하는 교제, 지원 및 양육이라는 실제적인 차원에서 이루어진다. 그리고 이 과정에서 교회는 공동선을 위한 대안 공동체가 된다. 요컨대, 제임스 매클렌던이 간결하게 말한 바와 같이, 교회는 "하나님에 대한 특권적인 접근이나 신성한 지위가 아니라, 그리스도에 대해 그리고 그리스도와 더불어 순종적 섬김의 이야기가 있는 삶을 함께 나누는" 공동체이다.[14]

예수님의 이름으로 함께 모인 이 새로운 공동체의 중심적인 특징은 공동의 예배이다. 하나님을 예배할 때 공동체는 한 몸으로 함께 모여 하나님을 경배하고, 세상에서 증거하기 위해 하나님을 의지하며, 믿음과 소망과 사랑의 선물에 대해 감사함을 표현한다. 또한 공동의 예배를 통해 세상에서 하나님의 선교와 그 선교에 참여하는 이야기를 선포한다. 이처럼 예배는 세상에서 하나님의 통치에 대한 교회 증거의 중심 요소이다. 교회가 예배로 함께 모일 때, 우리는 하나님의 임재를 축하하고, 하나님의 선교를 실천하고, 염려를 나누고, 기도하고, 신실한 증거를 계속할 힘을 구한다.

따라서 예배는 교회 선교의 근본적인 표현이지, 선교와 별개의 활동이 아니다. 예배는 교회가 세상에 보냄을 받은 목적인 세상을 향한 하나님의 사랑을 생각과 말과 행동으로 증거하는 포괄적인 부르심의 일부이다. 이처럼, 교회는 "각 나라와 족속과 백성과 방언에서 아무도 능히 셀

---

14 James William McClendon Jr., *Ethics: Systematic Theology* (Nashville: Abingdon, 1986), 1:28.

수 없는 큰 무리"가 하나님 앞에 서서 예수 그리스도 안에서 하나님의 구원을 경배하고 찬양하는 요한계시록 7장 9~10절에 나타난 비전의 맛보기이다. 교회는 상호의존적 관계와 공동 예배의 새로운 삶을 통해 예수 그리스도 안에서 계시되고 성령님의 능력으로 증명된 하나님의 사랑 안에서 일관성을 발견하는 새로운 세상을 증거한다.

함께 하는 이 삶은 하나님이 원하시는 세상을 미리 맛보는 것이다. 하지만 이 세상은 현재의 현실이 아니라 종말론적 미래에 있다. 그래서 예수님은 제자들에게 이렇게 기도하라고 가르치셨다. "그러므로 너희는 이렇게 기도하라 하늘에 계신 우리 아버지여 이름이 거룩히 여김을 받으시오며 나라가 임하시오며 뜻이 하늘에서 이룬 것 같이 땅에서도 이루어지이다"(마6:9~10). 이는 하나님이 창조의 의도대로 모든 것을 바로잡고 우주의 질서를 세우실 때 임하는 새로운 실재의 도래를 위한 기도이다. 이 미래의 현실은 피조물을 향한 하나님의 확고한 의지이며 흔들리지 않는 것이기 때문에(히 12:26~28), 지금도 사라지고 있는 현 세상보다 훨씬 더 현실적이고, 객관적이며, 실제적이다(고전 7:31). 현재의 교회는 우리가 살고, 일하고, 소망하고, 기도하며, 모든 피조물이 예수 그리스도 안에서 연결된(골 1:17) 미래의 종말론적 실재의 현시에 대한 맛보기이다.

하나님 나라의 표지, 도구, 맛보기가 되는 교회의 선교 요소는 구분할 수 있지만, 분리할 수는 없다. 이 요소는 중첩되고, 상호 관련된 방식으로 결합하여 있다. 동일한 용어를 사용하지는 않았지만, 이 세 요소를 하나로 묶는 특히 도움이 되는 한 가지 예는, 세계교회협의회 세계선교와 전도위원회의 전 전도 담당 총무인 레이먼드 펑의 작업이다.[15] 그는 우리가 논의한 각 요소를 포함하는 전도 전략을 제시한다. 그는 지역 교회가 다른 사람들과 협력하여 이사야 65:20~23에 요약된 비전을 추구할 것을 제안한다.

> 거기는 날 수가 많지 못하여 죽는 어린이와 수한이 차지 못한 노인이 다시는 없을 것이라 곧 백 세에 죽는 자를 젊은이라 하겠고 백 세가 못 되어 죽는 자는 저주받은 것이리라 그들이 가옥을 건축하고 그 안에 살겠고 포도나무를 심고 열매를 먹을 것이며 그들의 건축한 데에 타인이 살지 아니할 것이며 그들이 심은 것을 타인이 먹지 아니하리니 이는 내 백성의 수한이 나무의 수한과 같겠고 내가 택한 자가 그 손으로 일한 것을 길이 누릴 것이며 그들의 수고가 헛되지 않겠고 그들의 생산한 것이 재난을 당하지 아니하리니 그들은 여호와의 복된 자의 자손이요 그들의 후손도 그들과 같을 것임이라

다른 사람들과 협력하여 이 비전을 추구하면서, 우리는 이웃에게 다음과 같이 선언한다. "우리가 믿는 하나님은 어린이를 보호하시고, 노인에게 힘을 주시며, 일하는 남녀와 동행하시는 분입니다. 기독교인으로서 우리는 그에 따라 행동하고자 합니다. 우리는 여러분도 비슷한 관심을 공유하고 있다고 믿습니다. 함께 손을 잡읍시다." 교회는 이 비전을 향해 나아가면서 함께 하나님을 경배하도록 파트너들을 초대한다. 우리는 이

---

15 Raymond Fung, *The Isaiah Vision: An Ecumenical Strategy for Congregational Evangelism* (Geneva: WCC Publications, 1992).

렇게 말한다. "이 일을 하기는 어렵습니다. 많은 필요와 문제가 있습니다. 때때로 우리는 잠시 멈추고, 관심을 나누고, 기도하며, 하나님을 예배함으로써 계속할 힘을 구해야 합니다. 우리와 함께하시겠습니까? 언제나 환영합니다."16 이사야의 비전을 향해 나아가는 과정에서, 신뢰와 우정이 쌓이고 서로 편안해지면서 서로를 알고 이해하게 될 것이다. 이런 맥락에서, 사람들을 예수님의 제자로 초대할 적절한 기회가 생길 것이다. "당신이 어떤 사람이든, 부자이든 가난하든, 힘이 있든 없든, 당신은 예수님과 우정을 나누고 교회와 교제하도록 초대받았습니다. 당신은 돌아서라고 부름을 받았습니다. 당신의 십자가를 지고 우리와 함께 예수님을 따르십시오. 우리는 하나님과 함께 특별한 일을 하도록 부르심을 받은 평범한 사람들입니다."17 이 모델에서 교회는 제자로 삼는 하나님 나라의 표지이고, 연약한 자들과 노동하는 사람들을 위한 더 나은 세상을 위해 일하는 하나님 나라의 도구이며, 예배와 삶이 함께하는 하나님 나라의 맛보기이다.

기독교 왕국 이후의 선교

선교적 신학의 윤곽과 실천에 관심을 돌리기 전에, 교회와 교회의 선교 이해에 기독교 왕국이 미친 영향을 간략히 살펴보는 것이 중요하다. 비극적이게도, 교회는 종종 우리가 방금 설명한 선교적 소명에 부응하

---

16 Fung, *Isaiah Vision*, 2.
17 Fung, *Isaiah Vision*, 3.

지 못했다. 교회의 선교적 확장은 식민지화 과정을 통한 제국 확장의 운동 과정에서 이루어졌으며, 로마 제국에서 교회 설립을 시작으로 성경을 이런 활동을 정당화하기 위하여 사용했다. 로마는 교회가 권력의 사용과 발현에 관한 관행과 가정을 비판하고 도전할 수 있도록 기독교를 공식 종교로 삼은 것이 아니다. 이는 성경 해석에 특별한 영향을 미쳤다. 결국 기독교 정경을 구성하는 모든 텍스트는 로마 제국의 변두리에서 생산되었지만, 기독교 왕국의 출현과 함께 기독교와 로마 사이에 발생한 공모는 그 변두리가 중앙으로 이동하고 그에 따라 해석되었음을 의미했다. "로마 제국 기독교 최초의 공식 성경인 불가타가 압도적으로 수용되면서, 성경 본문의 주요 기능은 제국의 현상 유지를 정당화하는 것이 되었으며, 이는 노골적이지는 않지만 은밀하게, 근대까지 이어졌다."[18]

선교학자들이 지난 2세기 동안 교회의 선교적 확장에 대해 성찰하면서, 많은 사람이 이 선교 사역의 특정한 형태에 대해 우려하기 시작했다. 서구 선교는 전통적으로 앵글로-유럽 교회 중심의 사역이었으며 복음이 서구 교회의 문화적 형태로 전해졌다는 것이 점점 더 분명해졌다. 이런 접근 방식은 전 세계 교회의 성장에 기여했지만, 서구 교회의 형성과 구조가 선교적이기보다는 수 세기 동안 공식적으로 기독교적이라고 여겨졌던 역사적, 사회적 환경의 맥락에서 형성되고 윤곽이 잡혔다는 점에서 도전을 제시한다.

이런 맥락에서 교회는 서구 사회의 종교적, 문화적 삶을 형성하는 데 밀접하게 관여했다. 이런 상황은 기독교 왕국으로 이어졌는데, 이는 기

---

[18] Stephen D. Moore, "Paul after Empire," in *The Colonized Apostle: Paul through Postcolonial Eyes*, ed. Christopher D. Stanley (Minneapolis: Fortress, 2011), 22.

독교가 사회에서 독특하고, 특권적이며, 보호받는 위치를 유지하고, 교회가 법적으로 사회적으로 확립된 제도적 형태인 교회-국가 파트너십 및 문화적 헤게모니 시스템이다. 이 교회 모델과 그에 따르는 관점과 직관은 매우 깊이 퍼져 있어서 북미의 경우처럼 기독교 왕국의 형식적이고 법적 구조가 제거되더라도, 그 유산은 전통, 구조 및 그에 수반되는 태도로 영속성 유지한다. 기독교 왕국의 공식적인 소멸 이후에도 그 직관과 함의는 지속되는 데, 이를 기능적 기독교 왕국이라고 한다. 이런 맥락에서, 교회는 더 이상 사회에서 이런 위치를 차지하지 않지만, 과거에 형성된 전통과 일치하는 삶과 증거의 패턴을 계속 유지한다.

서구의 기성 교회를 특징짓는 기독교 왕국의 관점에서, "선교는 교회의 많은 프로그램 중 하나에 불과했다. 서구 교회에는 해외 선교 사업을 수행하기 위해 선교 위원회가 등장했다. 하지만 여기서도 서구 교회는 스스로를 파송하는 교회로 이해했으며, 파송의 목적지를 이교도 세계로 가정했다."[19] 이 먼 지역들이 복음뿐만 아니라 서양 문화의 영향을 통해 혜택을 받을 것으로 생각했다. 유사한 방식으로, 많은 교회가 기존의 기독교 문화를 약화하는 사회에 부상하는 세속주의에 맞서고 이를 저지하기 위해 국내 선교 프로그램과 전략을 개발했다. 이런 프로그램은 종종 기독교 사회의 정신을 보존하는 중요한 부분으로서 상당한 정치적 행동주의를 포함했다.

복음뿐만 아니라 서구 기독교 왕국의 특수한 정신과 문화를 보존하고 전파하려는 이런 열망은 기독교 선교를 예수 그리스도의 복음이라

---

19 Guder, *Missional Church*, 6.

는 이름으로 식민주의와 식민 지배와 연결했다. 이는 선교 실천에 재앙적인 결과를 가져왔다. 로즈버드 라코타 부족의 일원인 리처드 트위스는 이렇게 말한다. "북미 부족들 사이에서 기독교 선교는 그리 좋은 소식이 아니었다. 어떤 세계관의 영향으로 창조주의 창조와 구원의 이야기가 미국 원주민에 대한 대량 학살과 착취를 정당화하는 패권적 식민 신화로 변질할 수 있었는가?"[20] 그는 자기 경험을 이야기하면서, 백인 기독교인들이 예수를 따르는 사람들에게 라코타 문화의 음악, 춤, 북 연주 및 의식을 "불결하고" 부적절하다고 여기도록 압력을 가했다고 말한다. 그 묵시적인 메시지는 오래되고 익숙한 의식과 경험이 사라지고 모든 것이 "하얗게 되었다"는 것이다. "이는 내가 그리스도 안에서 새로운 정체성을 갖게 되었고 그것은 인디언이 아니기 때문에, 나의 인디언 방식을 떠나야 한다는 것을 의미했다. 성경은 하나님과 창조물과 하나라는 우리의 문화적 감각에 중요한 거의 모든 것을 악마화하는 데 사용되었다."[21] 기독교라는 이름으로 자행된 이런 사회적, 문화적 식민지화는 파괴적인 결과를 낳았고, 이는 서구 선교와 토착 문화 사이 상호작용에서 전형적인 모습이었다. 일련의 특정한 사회적, 문화적 가정과 전제가 성경과 신학을 서구 문화의 이미지로 각인했고, 하나님과 진리의 이름으로 다른 집단의 사람들에게 강요되었다.

이런 일이 발생하면, 다수의 가정과 전제에 참여하지 않는 사람들의

---

20 Richard Twiss, "Living in Transition, Embracing Community, and Envisioning God's Mission as Trinitarian Mutuality: Reflections from a Native-American Follower of Jesus," in *Remembering Jamestown: Hard Questions about Christian Mission*, ed. Amos Yong and Barbara Brown Zikmund (Eugene, OR: Pickwick, 2010), 93.

21 Twiss, "Living in Transition," 94.

목소리는 성경이나 기독교 전통에 충실하지 않다는 주장으로 위장되어 주변화되거나 가려진다. 예수 그리스도의 복음을 신실하게 증언하는 기독교 선교는 이런 식민지화의 경향에 저항하고 거부해야 한다. 교회의 역사와 식민지 세력과의 공모에 비추어 볼 때, 교회의 선교와 증거는 예수님이 선포하신 하나님 나라의 원리와 가치에 부합하도록 재구성되어야 한다. 선교적 신학은 하나님의 선교와 그 선교에 대한 교회의 참여를 더욱 신실하게 반영하기 위해 기독교의 증거를 재구성하고자 한다.

3장

선교적 신학

이전 장에서 나는 북미 교회의 미래에 관한 영향력 있는 책 『선교적 교회』에서 한 구절을 인용했다. "우리가 선교로 정의되지 않으면, 복음의 범위와 교회의 사명을 축소하는 것이다. 따라서 오늘날 우리의 도전은 선교하는 교회에서 선교적 교회로 나가는 것이다."[1] 선교하는 교회에서 선교적 교회로의 전환은 신학의 실천에 중요한 의미가 있다.

교회와 마찬가지로, 서구에서 신학이라는 학문 분과를 형성한 충동과 가정은 하나님의 선교보다는 기독교 왕국의 것들이다. 신학은 여전히 하나님의 선교적 성격과 그에 상응하는 교회의 선교적 소명에 대해 거의 언급하지 않고, 근대 초기의 논쟁과 관심사의 관점에서 가르치고 논의되는 경우가 많다. 일반적인 실천신학 분과에서만 선교나 선교학 과목을 가르치며, 입문 과정을 제외하고는 주로 타문화권 사역에 참여하려는 사람들을 위한 것으로 여기는 경우가 많다. 조직신학 분과에서 이런 과

---

[1] Darrell L. Guder, ed., *Missional Church: A Theological Vision for the Sending of the Church in North America* (Grand Rapids: Eerdmans, 1998), 6.

목을 가르치는 경우는 거의 없으며, 선교학과 조직신학 분과는 일반적으로 의미 있는 공통 분모 및 상호 교류가 거의 없다. 이것이 변화하기 시작했다는 몇 가지 징후가 있지만, 진행 속도는 더디다. 일반적으로, 서구 대학과 신학대학원 대부분의 교육과 연구는 신학을 포함한 모든 분야의 연구에서 분리된 객관성을 강조하는 전통적인 학문 모델에 여전히 사로잡혀 있다.

이런 전망은 기독교 신학의 실천과 상반되는데, 특히 신학의 선교적 차원에 비추어 볼 때 그렇다. 앤드루 커크가 말하듯이, 살아 계신 하나님을 신실하게 증거하고자 하는 신학은 "현재를 지향하는 개인적인 차원, 즉 기독교 공동체와의 확고한 동일시를 포함하여, 참여와 헌신을 포함하는 개인적이고, 공개적으로 선언된 우선권을 지향해야 한다." 그 이유는 신학의 주제인 살아 계신 하나님이 요구하시고, 과제를 정하시며, 순종을 요구하시기 때문이다. 이런 맥락에서, 신학 연구는 초연하고 중립적일 수 없다.[2] 신학이 교회의 삶과 복음 증거에 봉사하는 것이라면, 그리고 "교회가 하나님의 선교에 헌신할 때만 진정으로 교회 그 자체로 존재할 수 있다면, '신학과 신학 교육을 어떻게 세상에서 하나님의 일관된 뜻과 활동에 대한 통합적 관점으로 자연스럽게 흐르도록 재창조할 수 있는가?' 하는 화급한 질문이 제기된다."[3]

선교가 있는 교회에서 선교적 교회로 나가는 과정에서 교회가 직면한 도전처럼, 신학의 학문 분과도 교회를 섬기고 그 주제에 충실하기 위

---

[2] J. Andrew Kirk, *The Mission of Theology and Theology as Mission* (Valley Forge, PA: Trinity Press, 1997), 9-10.

[3] Kirk, *Mission of Theology*, 2.

해서는 선교적 요소가 있는 신학에서 진정한 선교적 개념의 신학으로 나아가야 한다.

1장 서두에서 언급했듯이, 신학에 대한 선교적 접근은 삼위일체 하나님이 본질적으로 선교적 하나님이시며, 따라서 이 하나님의 교회는 본질적으로 선교적이라는 확신에서 비롯된다.[4] 선교라는 개념은 인류 역사에서 하나님의 일하심에 관한 성경 이야기의 핵심이다.[5] 교회에 대한 선교적 소명은 요한복음에 기록된 예수님의 말씀에 잘 나타나 있다. "아버지께서 나를 보내신 것 같이 나도 너희를 보내노라"(요 20:21). 데이비드 보쉬는 선교가 하나님의 본성에서 비롯되며 교회론이나 구원론보다는 삼위일체 교리의 맥락에 위치해야 한다고 주장한다. 이런 맥락에서 성부 하나님이 성자를 보내시고, 성부와 성자가 성령을 보내신다는 고전적 선교 교리의 논리는 "아버지와 아들과 성령께서 교회를 세상에 보내시는" 다른 운동을 포함하도록 확장될 수 있다.[6] 이런 관점에서, 교회는 선교의 목적이 아니라 세상을 향한 하나님 선교의 도구이자 증인이다. 교회의 다양한 역사적, 문화적, 세계적, 동시대적 구현은 모든 피조물에 대한 하나님의 보편적 사랑의 선교가 지역적으로 반복되는 일련의 과정으로 볼 수 있다.

요약하면, (1) 영원 전부터 하나님의 선교는 사랑이다. (2) 창조는 하

---

[4] See John G. Flett, *The Witness of God: The Trinity, Missio Dei, Karl Barth and the Nature of Christian Community* (Grand Rapids: Eerdmans, 2010).

[5] 성경에서 선교의 중심성에 대해서는 다음을 참고하라. Christopher J. H. Wright, *The Mission of God: Unlocking the Bible's Grand Narrative* (Downers Grove, IL: IVP Academic, 2006).

[6] David Bosch, *Transforming Mission: Paradigm Shifts in Theology of Mission*, 20th anniv. ed. (Maryknoll, NY: Orbis, 2011), 399.

나님 사랑의 확장적 본성의 결과이며, 하나님은 모든 피조물이 하나님 사랑의 교제에 참여하기를 원하신다. (3) 하나님은 하나님 나라의 표지, 도구, 맛보기 그리고 세상을 향한 하나님 사랑의 좋은 소식의 증인으로서 하나님의 선교에 참여하도록 공동체를 부르신다. (4) 이 한 공동체는 모든 종족과 민족의 수많은 지역 공동체에서 나타난다.

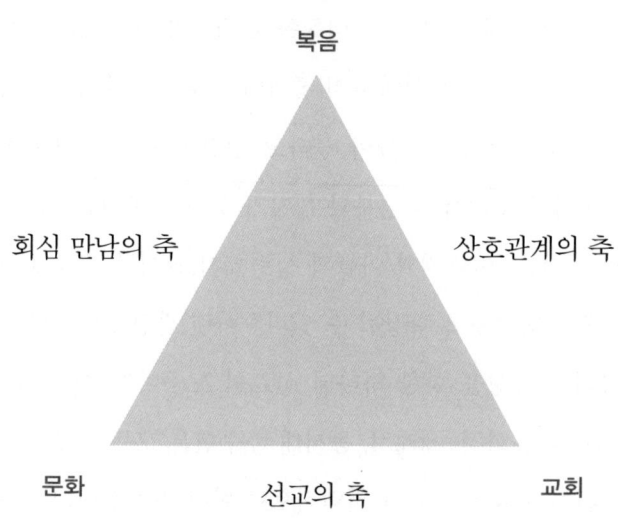

그림 3.1 복음-교회-문화 관계의 삼각형 모델

출처. George R. Hunsberger, "The Newbigin Gauntlet: Developing a Domestic Missiology for North America," in *The Church between Gospel and Culture: The Emerging Mission in North America* (Grand Rapids: Eerdmans, 1996), 9.

지역 공동체에서 피조물에 대한 하나님의 보편적 선교의 표현은 문화를 선교적 신학적 대화의 최전선으로 끌어들인다. 레슬리 뉴비긴은 선교적 신학의 발전을 위한 중요한 해석적 틀을 제공한다.[7] 선교학자인 조지 헌스버거는 복음, 교회 및 문화 간의 상호 작용에 대한 뉴비긴의 연구를 유용하게 요약한다. 그는 뉴비긴 삼각형이라고 부르는 것을 형성하는 세 가지 축에 관해 이야기한다. 그것은 회심 만남으로서 복음-문화 축, 상호관계로서 복음-교회 축, 선교적 만남으로서 교회-문화 축이다(그림 3.1 참조).[8]

복음-문화 축은 복음의 모든 표현이 문화에 따라 다르다는 것을 확인한다. 뉴비긴에 따르면, 우리는 특정 문화의 덫에 걸리지 않는 순수한 복음이란 존재하지 않는다는 사실을 인정해야 한다. "복음은 항상 신실한 공동체의 특정한 삶의 방식, 재산 보유, 법과 질서의 유지, 생산과 소비 등의 방식 통해 복음의 의미를 실천하려고 노력하는 공동체의 증언으로 온다. 복음에 대한 모든 해석은 문화적 형태로 구체화한다."[9] 복음-교회 축은 특정 공동체의 복음에 대한 이해가 그 공동체의 신학적, 교회적 전통에 의해 형성된다는 것을 확인한다.

교회-문화 축은 특정한 사회적, 역사적 상황 속에서 복음의 다양한 개념을 구현하는 문화적으로 구별되는 기독교 공동체로서 교회의 다양

---

[7] 이러한 상호 작용에 대한 레슬리 뉴비긴의 많은 글 중에서 특별히 다음을 참조하라. *Foolishness to the Greeks: The Gospel and Western Culture* (Grand Rapids: Eerdmans, 1998); *The Gospel in a Pluralist Society* (Grand Rapids: Eerdmans, 1989); *The Open Secret: An Introduction to the Theology of Mission*, rev. ed. (Grand Rapids: Eerdmans, 1995).

[8] George R. Hunsberger, "The Newbigin Gauntlet: Developing a Domestic Missiology for North America," in *The Church between Gospel and Culture: The Emerging Mission in North America* (Grand Rapids: Eerdmans, 1996), 3-25. 또한 다음을 참조하라. George R. Hunsberger, *Bearing the Witness of the Spirit: Lesslie Newbigin's Theology of Cultural Plurality* (Grand Rapids: Eerdmans, 1998).

[9] Newbigin, *Gospel in a Pluralist Society*, 144.

성을 확인한다. 복음의 무궁무진한 충만함은, 공동체가 생겨나고 서로 교류하면서 교회가 문화적으로 확장될 때 드러난다. 상황화의 과정은 성경 본문, 그 해석, 그에 상응하는 교리가 확립된 이후에 일어나는 것이 아니다. 오히려, 그것은 이런 모든 형태의 증거에 온전히 존재하며 제거되거나 삭제될 수 없다. 상황성은 이해와 의사소통 과정의 고유한 부분이다. 이런 관점에서, 성경 해석, 의미 및 의사소통은 항상 텍스트의 재상황화와 다양한 사회적, 역사적 환경에서 텍스트의 특정한 사용을 포함한다. 다양한 문화적 상황에서 그리고 다양한 문화적 상황을 위한 지속적인 재상황화 작업은 선교적 신학의 본질이다. 선교적 신학은 텍스트뿐만 아니라 다른 해석자의 사회적 상황을 이해하는 것을 포함하는 본질적으로 관계적인 차원을 가지고 있다.

이런 관계적 차원은 특히 전통적인 형태의 타문화 활동과 관련하여, 복음 전달에 관한 기독교 증거의 일반적인 개념을 크게 재구성한다. 상호문화 모델에서, 증거는 복음과 기독교의 가르침에 대한 미리 확립된 개념을 전달하는 것으로 구성되지 않는다. 전통적인 모델에서, 메시지의 수신자는 메시지를 선포하는 사람의 객체로 취급되며, 메시지의 약속을 통해 혜택을 받으려면 제시된 대로 메시지를 받아야 한다. 이런 접근 방식은 메시지가 이질적인 이데올로기의 도입과 같은 기능을 하며, 이를 받아들일 경우 기존 문화의 생태계를 훼손하고 전복시키고 참여자에게 해로운 영향을 미친다. 반면에, 상호문화적 이해는 타인과 그들의 정체성을 형성하는 문화적 환경에 대한 진실하고 사랑에 찬 관심을 포함한다. 신학의 과업에 적용하면, 신학은 모든 파트너가 담론에 결정적이고 필요한 요소를 제공하는 상호 이해의 작업이 된다.

이 모델에 따라, 후스토 곤잘레스는 교회의 선교가 복음을 들어야 하는 세상의 필요뿐만 아니라, 모든 다양한 민족, 문화, 종족이 있는 세상의 이야기를 듣고 경청해야 하는 교회의 필요에 의해 형성되는 것으로 생각한다. 이런 방식으로 교회는 온 세상의 기독교인들이 복음 선포와 증거와 관련한 풍부한 경험을 가져옴에 따라 복음을 더 온전히 이해하게 될 것이다. 따라서 교회는 땅의 모든 사람과 민족에게 복음이 필요하기 때문만이 아니라, "교회가 완전히 '보편적'이기 위해서 '열방'이 필요하기 때문에" 그들을 복음으로 초대한다. "만약 '보편적'이 '전체에 따라서'라는 의미라면, 전체 중 일부가 외부에 남아있거나, 자신의 관점에서 말하도록 허용되지 않은 상태로 들여오면, 보편성 자체가 절단된다."[10]

이런 공동체들 사이의 상호문화적 대화는 선교적 신학에 필수적이며, 복음의 진리를 제한하는 융통성 없는 독단주의와 복음의 진리를 가릴 수 있는 "무엇이든 괜찮다"는 상대주의에 대한 저항을 구축한다. 이런 방식으로 복음, 교회 및 문화 간의 상호 작용을 구성하면 지역 사회가 복음 메시지를 문화에 과도하게 순응시키거나, 반대로 문화와 완전히 동떨어진 것으로 간주하는 위험에 저항할 수 있다.

따라서 신학 작업은 모든 해석자와 해석의 사회적, 문화적 위치를 고려하는 동시에, 신학의 주제인 하나님을 진지하게 고려해야 한다. 나는 다음 장에서 계시의 복수형 특성에 대해 더 말할 것이다. 여기서는 단순히 하나님이 정적이기보다는 살아 계시고 활동하신다는 점에 주목한다. 이는 하나님의 행위와 지속적인 능동적 관계를 떠나서는 하나님을 이

---

10 Justo González, *Out of Every Tribe and Nation: Christian Theology at the Ethnic Roundtable* (Nashville: Abingdon, 1992), 28-29.

해할 수 없다는 것을 의미한다. 마찬가지로, 사람과 하나님의 관계도 정적 이기보다는 동적 용어로 이해하는 것이 가장 좋다. 하나님과의 관계는 단번에 영원히 소유할 수 있는 것이 아니라, 하나님의 지속적인 역사와 은혜에 의해 계속해서 설명되어야 하는 사건이다. 다시 말해, 신학의 궁극적인 원천은 역동적인 생명이신 항상 움직이시는 살아 계신 하나님이다.

개혁주의 신학자 칼 바르트는 신학의 이런 측면을 하나님의 움직임을 추적하려는 시도로 보았다. 교회는 단순히 하나님의 움직임을 주의 깊게 따르도록 부름을 받았다. 말과 행동을 통해 그렇게 할 때, 그 행동이 우리의 것이 아니라 하나님의 것이며, 하나님의 움직임을 따르는 데 있어 우리의 역할은 항상 "움직임의 한순간이며, 그것은 날아가는 새를 순간적으로 보는 것과 같다. 하나님의 움직임을 제외하고는 절대적으로 무의미하고, 이해할 수 없으며, 불가능하다." 따라서 이 움직임은 인간에게서 기원하는 것이 아니고 인간의 이해로 환원될 수 없다. 이는 오히려 "위로부터의 움직임, 3차원으로부터의 움직임"인데, 바르트는 이를 "역사 안에서 하나님의 움직임, 달리 표현하면, 의식적인 하나님의 움직임, 예수 그리스도의 죽음으로부터의 부활에서 그 능력과 의미가 드러나는 움직임"으로 보았다.[11] 따라서 기독교인들은 하나님의 움직임을 묘사함으로써 하나님을 증거하도록 부름을 받았지만, 동시에 그들의 묘사가 실제와 같지 않음을 상기시키기 위해 노력해야 한다. 바르트는 이 상황을 간결하게 설명한다. "기독교인으로서 우리는 하나님에 관해 말해야 한

---

11 Karl Barth, *The Word of God and the Word of Man*, trans. Douglas Horton (London: Hodder and Stoughton, 1928), 282-83.

다. 그러나 우리는 인간이기 때문에 하나님에 대해 말할 수 없다. 따라서 우리는 우리의 의무와 무능을 인정하고 바로 그런 인정을 통해 하나님께 영광을 돌려야 한다."12

이런 관점에서, 바르트는 모든 신학적 사고의 요소는 항상 우리의 이해와 통제를 벗어나는 하나님의 역사와 활동에서 궁극적 근거를 찾아야 한다고 결론짓는다. 이는 의심이나 비판의 결과가 아니라 오히려 우리 신학의 중심이신 하나님의 결과이다. 따라서 모든 주장과 결론에 대해서 그 일시적이고 불완전한 성격을 입증하기 위해 질문을 제기해야 한다. 예수 그리스도 안에서 계시된 하나님은 신학 작업에 "포괄적인 견해도 없고, 최종적인 결론과 결과도 없게" 하셨다. 신학 작업의 일부인 탐구와 가르침만이 있을 뿐이며, 이는 "엄밀히 말해서 모든 지점에서 계속 처음부터 다시 시작해야 하는" 것이다. "이 문제에서 최상이고 중요한 일은 우리가 이 모든 것의 중심과 토대를 되돌아보도록 거듭 지시를 받는 것이다."13 이는 우리 최선의 신학 작업도 항상 그 주제를 적절하게 다루는 데 실패할 것이며, 우리가 발견한 내용에 결코 만족하거나 안주해서는 안 된다는 점을 상기시켜 준다. 대신, 우리는 하나님을 지속해 의지하면서, 열린 신학의 습관을 기르고, 처음부터 다시 시작하는 자세로 작업을 시작해야 한다.

이런 틀에 비추어 볼 때, 신학을 어떻게 이해해야 하나님의 선교와 하나님의 성품에 모두 부합할 수 있을까? 벤저민 코너는 이렇게 말한다. 선교적 교회와 선교적 신학에 관한 모든 논의에도 불구하고, 선교적이라

---

12 Barth, *Word of God and the Word of Man*, 186.
13 Karl Barth, *Church Dogmatics* 1/2 (Edinburgh: T&T Clark, 1956), 868.

는 용어가 신학과 함께 사용되는 것이 보편화되었지만, "사실 선교적 신학이 무엇인지에 대한 공유된 개념은 없다. 지금까지 선교적 신학의 매개변수와 형태에 관한 실질적인 대화의 흐름은 없었다."[14] 그는 대럴 구더와 조지 헌스버거의 연구를 중심으로 다음과 같이 잠정적인 정의를 내린다. "선교적 신학은 복음을 더 잘 표현하고 특정 상황에서 펼치시는 하나님의 지속적인 구속의 선교에 참여하는 소명을 신실하게 살아갈 수 있도록 회중을 형성하는 것을 목적으로, 신학 커리큘럼과 교회 실천의 모든 측면에서 하나님의 선교적 본성의 함의를 탐구하는 일종의 실천신학이다."[15]

여기서 특히 도움이 되는 것은 선교적 신학의 실천적 요소에 대한 강조이다. 선교적 신학의 목적은 교회가 하나님의 선교에 신실하게 참여하도록 돕는 것이기 때문에 하나님의 선교에 대한 지적인 표현과 인식도 중요하지만, 그보다는 본질적으로 삶과 실천에 초점을 맞춘다. 공동체의 삶에 초점을 맞추는 것은 선교적 신학의 독특한 측면이며, 따라서 선교적 신학은 하나님의 선교에 참여하는 데 헌신된 공동체의 맥락에서 이루어져야 한다. 선교적 신학에는 분명 지적인 요소가 있지만, 결코 지적인 작업만은 아니다.

이런 궤적에 따라 나는 다음과 같은 정의를 제안했다. 선교적 신학은 그리스도의 제자 공동체가 그들이 처한 특정한 사회-역사적 상황에서 하나님의 백성으로 살아가는 선교적 소명을 수행하도록 돕기 위해 기

---

[14] Benjamin T. Connor, *Practicing Witness: A Missional Vision of Christian Practices* (Grand Rapids: Eerdmans, 2011), 11.

[15] Connor, *Practicing Witness*, 39.

독교 교회의 신앙과 실천을 비판적이고 건설적으로 성찰하는 과업을 수행하는 지속적이고, 이차적이며, 상황적 학문이다. 이 정의에는 구별되지만 중복되는 세 가지 구성 요소가 있다.

- 선교적 신학의 본질: 지속적, 이차적, 상황적 학문
- 선교적 신학의 과제: 기독교 교회의 신앙과 실천에 대한 비판적이고 건설적인 성찰
- 선교적 신학의 목적: 그리스도의 제자 공동체가 그들이 처한 특정한 사회-역사적 상황에서 하나님의 백성으로 살아가는 선교적 소명을 돕는 것[16]

선교적 신학의 본질

신학은 항상 특정한 상황과 조건에서 특정한 형태를 띠게 된다. 제2성전 갈릴리 유대교의 문화적 특수성에서부터 기독교 신학과 전통이 헬레니즘 사고 형태로 넘어가는 것과 수많은 다른 문화적 배경에 이르기까지, 모든 "선교 사역과 회심 경험에서, 사람들은 자신의 문화와 그들에게 복음을 전한 사람들의 문화를 매개로 그리스도를 만났다."[17] 레슬리 뉴비긴에 의하면, 성경 자체가 "매우 명백하게 특정한 문화적 배경을

16　이 장에서는 존 R. 프랭키의 정의를 요약한다. *The Character of Theology: An Introduction to Its Nature, Task, and Purpose* (Grand Rapids: Baker Academic, 2005).
17　González, *Every Tribe and Nation*, 30.

가진 책이다. 성경의 언어는 중국어나 산스크리트어가 아닌, 히브리어와 그리스어이다. 성경에 기록된 모든 사건과 성경이 구현하는 모든 가르침은 특정한 인간 문화에 의해 형성되었다."[18]

이런 사실은 신앙의 모든 신학적 표현이 갖는 상황성을 보여준다. 지식 사회학은 모든 형태의 사고가 사회적 조건에 내재하여 있으며, 이런 조건이 일방적으로 모든 사고를 결정하지는 않지만, 그들이 갖는 근본적인 상황성을 보여준다. 모든 지식은 상황적이며, 그것이 출현하는 사회적, 문화적, 역사적 환경에 의해 영향을 받고 형성된다. 해석이라는 과업과 결부된 인간의 노력인 신학이라는 학문은, 다른 모든 지적 추구와 마찬가지로, 그것이 생산되는 특정 상황의 흔적을 지니고 있다. 이런 관점에서, 신학의 목적은 단순히 시대를 초월하여 고정된 정설을 제시하고, 확대하고, 다듬고, 옹호하는 것이 아니다. 신학이 다루고자 하는 질문과 상황은 끊임없이 변화하고 있다. 덧붙여서, 특정한 주어진 시간과 장소에서도 다양한 사람들이 다양한 질문을 던진다.

아프리카계 미국인 신학자 제임스 콘은 이 문제를 간결하게 설명한다. "나는 니케아와 칼세돈에서 일어난 일과 기독론에 대한 교부들의 신학적 의견을 존중한다 … 아타나시우스처럼 아들이 호모우시아(아버지와 한 실체)라고 말하는 것은 옳다 … 그리고 나는 신앙에 대한 아타나시우스의 주장의 중요성을 축소하거나 훼손하고 싶지 않다. 그러나 호모우시아 질문은 흑인들의 질문이 아니다."[19] 흑인들은 예수님이 아버지와 하나인지 묻는 것이 아니라, 예수님이 그들의 고난 가운데서 그들과 동행하시

---

[18] Newbigin, *Gospel in a Pluralist Society*, 144-45.
[19] James H. Cone, *God of the Oppressed*, rev. ed. (Maryknoll, NY: Orbis, 1997), 13.

는지 묻는다. 아타나시우스와 같은 초기 기독교 저술가들이 제기하고 다룬 질문들은 흑인들 경험의 맥락이 아니라, 다른 환경에서 나왔다. 아타나시우스가 미국에서 노예로 살았던 흑인이었다면 분명 다른 질문을 던졌을 것이다. 콘은 과거의 신학적 공식화와 확언의 가치와 중요성에 의문을 제기하지 않고, 단순히 신학이 발전하는 환경이 신학의 결과에 깊은 영향을 미친다는 점에 주목한다. 요컨대, "사회적, 역사적 상황이 우리가 하나님께 던지는 질문뿐만 아니라 질문에 대한 답변의 방식이나 형식도 결정한다."[20]

신학은 보편적인 언어가 아니다. 신학은 특정 민족, 특정 공동체의 목적, 열망, 신념을 반영하는 상황 언어이다. 신학의 어떤 진술도 모두를 대변할 수는 없다. 대신, 신학은 특정 신앙 공동체의 상황에서 공식화되고, 그들이 살고 있는 특정한 역사적, 문화적 환경의 상황에서, 신앙이 지향하는 하나님과 그 신앙의 함의를 증언하고자 한다. 신학은 신학적 성찰의 동시대적 사고 형태에서 도출되기 때문에, 신학이 사용하는 범주는 문화적, 역사적 조건에 따라 달라진다.

이는 수많은 사회적, 역사적 배경의 상황에서 신학의 표현이 형성되고 수정되어 온 기독교 사상의 역사에서 분명하게 드러난다. 신학은 또한 히브리 환경에서 헬레니즘 세계로, 그리스-로마 문화에서 프랑코-게르만 문화로, 중세 봉건주의 세계에서 르네상스로, 르네상스에서 계몽주의로, 모더니티에서 포스트모더니티로, 식민적 상황에서 탈식민적 상황으로의 전환과 같은 여러 중요한 문화적 전환을 탐색하는 과정에서 발

---

20 Cone, *God of the Oppressed*, 14.

전해 왔다.

우리는 특정 환경에서 벗어나 객관적이고, 문화를 초월한 위치에 접근할 수 없다. 모든 관점은 특정 위치에서 나온다. 따라서 모든 신학은 본질적으로 인간의 작업으로 문화적 상황에 의해 영향을 받는다. 초 문화적 신학에 대한 추구는 신학적으로나 성경적으로나 합당하지 않다. 레슬리 뉴비긴은 복음 자체도 마찬가지라고 주장한다. "우리는 순수한 복음이 어떤 문화에 구체화하지 않은 것을 의미한다면 순수한 복음이란 있을 수 없다는 기본적인 사실부터 시작해야 한다." "예수님은 주님이시다"라는 복음의 가장 단순한 언어적 진술조차도 그 문화가 주님이라는 단어에 부여하는 내용에 따라 그 의미가 달라진다. 이 개념이 선포되는 특정 문화에서 "주되심"은 어떻게 이해되는가? 신학의 상황적 특성은 신학과 문화 사이의 관계를 선명하게 부각한다. 신학과 특정 상황의 관계를 다루고자 할 때 널리 주목받는 두 가지 접근법은 상관관계(correlation)와 번역(translation)이다.

상관주의 전통은 일반적으로 보편적인 인간 경험과 관련된 것으로 이해되는 실존적 질문을 통해 기독교 신앙의 내용을 설명하고자 하는 모델을 따른다. 이런 질문은 철학이 인간 존재에 대한 면밀한 검토를 통해 제기하기 때문에, 신학자는 먼저 철학자의 기능을 수행해야 한다. 그런 다음 두 번째 단계에서 신학자는 하나님 계시의 상징을 사용하여 철학이 발견할 수는 있지만 대답할 수 없는 인간 존재에 내포된 질문에 대한 답을 공식화한다. 신학자의 임무는 동시대 여성과 남성의 질문에 적절하면서도 기독교의 본래 메시지에 충실하도록 계시의 답변을 해석하는 것이다. 이는 분명 상황과 관련된 문제에 대한 상당한 참여를 제공하지만, 비평가들은 신학과 관련하여 철학에 너무 많은 자율성과 독립성을 부여한다고 주장해 왔다. 특히 비평가들은 유한한 이성에 내재한 긴장을 고려할 때, 이런 접근 방식이 올바른 질문을 공식화하는데 어떻게 신뢰할 수 있는지 의문을 제기한다. 그들은 철학이 제시하는 질문의 내용과 형식이 기독교 사상에 비추어 수정되지 않으면, 그 절차에서 나오는 기독교적 구성에 왜곡된 영향을 미칠 것이라고 주장한다.

또한 일부에서는 현대 문화인류학의 인간 경험의 특수성과 다양성에 대한 강조를 진지하게 받아들이지 못한다는 점에서 상관주의 기획을 비판한다. 인류학자들은 보편적인 문화 주제의 특성을 찾기보다는 특정 문화에 관심을 가진다. 인류학의 이런 발전은 인간의 보편성을 신학적 구성이 적용되는 상황으로 공식화하는 상관관계 방법에 중대한 도전을 제기한다. 대신, 현대 문화인류학은 신학자들이 특수한 것에 초점을 맞추고 신학을 구체적이고, 특정하며, 공동체적으로 형성된 삶의 방식의 일부로 보도록 초대한다.

신학과 문화를 연결하는 또 다른 모델은 번역 모델이다. 스티븐 베반스에 의하면, 이 접근법이 "가장 일반적으로 사용되며, 대부분 사람이 상황 속에서 신학을 할 때 통상 생각하는 것"이다.[21] 이 접근법에서, 중립적이고 상대적인 문화 형식은 하나님의 계시와 신학의 절대적이고, 불변하며, 초 문화적인 진리가 전달되는 수단이 된다. 하지만 역사적, 사회적 상황이 우리가 살고 있는 현실을 구성하는 데 중요한 역할을 하는 것과 마찬가지로, 우리의 상황도 하나님에 대한 이해, 성경 해석 및 신앙의 표

21　Stephen B. Bevans, *Models of Contextual Theology* (Maryknoll, NY: Orbis, 1992), 37.

현에 영향을 미친다는 것을 이해하는 것이 중요하다.

이 두 모델의 가장 큰 어려움은 신학을 전달하기 위해 보편적인 의미 구조를 가정하고, 모든 문화적 상황과 신학적 형성의 특수성을 인정하지 않는다는 점이다. 상관주의자들은 어떤 보편적인 경험의 확인을 통해 문화를 우선시하고 신학을 일련의 일반화된 가정에 꿰맞추는 경향이 있다. 이와 대조적으로, 번역주의자의 접근법은 기독교 메시지에 대한 모든 이해의 특수성을 간과하고, 기독교 메시지는 특정 문화의 언어로 표현되어야 함에도 기독교 보편성을 너무 쉽게 가정하여 신학 구성의 기초로 삼는 경우가 종종 있다. 이는 특히 초 문화적 복음과 중립적인 문화적 형식을 통한 복음의 표현 사이의 구별에 기초한 번역 또는 상황화 모델에서 분명하게 드러난다. 하지만 몇 가지 예외를 제외하고, 번역 모델의 방향으로 나아가는 신학과 상황에 대한 대부분의 접근 방식은 순수하고, 초월적인 복음의 존재를 전제로 한다.

이런 접근 방식은 그 어려움에도 불구하고 앞으로 나아갈 길을 제시한다. 신학이 적절하게 상황적이기 위해서는 토대주의(foundationalism)[22]의 경향에 저항하면서, 상관적인 동시에 번역적인 상호작용 과정을 채택해야 함을 이 두 모델이 시사한다. 복음이나 문화 모두의 해석적이고 구성적인 특성에 고려할 때 둘 사이의 대화와 상호 작용에서 어느 한쪽이 주된 실체로 기능할 수 없다. 신학은 복음과 문화 모두를 포함하는 지속적인 대화를 통해 나온다는 것을 인식해야 한다. 이런 상호작용 모델

---

22 토대주의는 지식의 정당화와 관련된 이론이다. 신념은 다른 신념과의 관계에 의해 정당화되어야 하며, 이 절차에서 발생하는 일련의 정당화는 순환적이거나 끝이 없어서는 안 되며, 비판을 받지 않고 의문을 제기할 수 없는 근본적인 신념에 종착역이 있어야 한다고 주장한다. 자세한 내용은 아래 4장의 다음 내용을 참조하라. "선교적 신학의 형태: 토대를 넘어서."

은 상관관계나 번역 모델 모두에서 도출되지만, 한 가지 중요한 점에서 차이가 있다. 두 모델과 달리, 역동적이고 상호작용적인 모델은 복음이나 문화를 주어진 선제적 현실로 전제하지 않고 대화에 들어간다. 오히려, 상호작용 과정에서 복음과 문화는 대화 자체에 의해 정보를 제공하고 정보를 얻는 특수하고, 역동적인 현실로 간주한다. 이런 방식으로 복음과 문화를 이해하면 복음에 대한 우리의 이해와 우리 사회의 사람들이 자신의 삶을 이해하는 의미 구조의 역동적인 본질을 인식할 수 있다. 이런 모델에서, 복음과 문화 간의 대화는 신학적 비평과 구성뿐 아니라 교회가 상황을 다루는 능력에 유익을 주는 서로를 풍요롭게 하는 대화가 되어야 한다.

교회가 복음의 메시지를 증거하는 상황이 끊임없이 변하기 때문에, 신학의 작업은 지속적인 과정이다. "변하지 않는 하나의 올바른 신학, 즉 영원한 신학을 말할 수 있는 시대는 지났다. 우리는 특정 장소와 특정 시간에 의미가 있는 신학에 대해서 말할 수 있을 뿐이다. 우리는 공시적으로 다른 문화, 통시적으로 역사의 다른 사람들로부터 배울 수 있지만, 다른 사람의 신학은 결코 우리 자신의 신학이 될 수 없다."[23] 과거의 신학이 아무리 설득력 있고, 아름답고, 성공적이었더라도, 교회는 항상 특정한 환경과 도전의 상황에서 신앙을 증거해야 하는 과제에 직면해 있다. 신학은 결코 한 번에 완성되지 않고, 끊임없이 변화하는 세상의 도전과 계속해서 씨름해야 한다.

신학의 지속적이고 상황적인 특성은 신학이 이차 학문이며 해석적

---

[23] Bevans, *Models of Contextual Theology*, 4-5.

작업으로서의 특성을 강조한다는 것을 시사한다. 따라서 신학자와 특정 공동체의 교리적, 신학적, 고백적 구성은 기독교 교회의 기본 이야기, 가르침, 상징 및 실천에 대한 인간적 성찰의 산물로 간주하므로 기독교 신앙의 일차적 헌신과 구별되어야 한다. 예를 들어, 신학적 구성과 교리는 항상 성경의 내용에 종속되므로 더 가볍게 다루어야 한다. 다시 말해, 이들은 사람들이 기독교 신앙의 일차 구성 요소인 성경의 이야기와 가르침을 이해하려고 노력하는 이차 언어이다. 이 이차 언어는 유용하고 필요하지만, 도전을 제시하기도 한다. 예를 들어, 이는 종종 성경의 관용어와는 거리가 멀어 보이는 개념적인 어휘와 복잡한 형태의 논증을 만들어 낸다.

이 이차 언어는 교회의 신조와 신앙고백 유산의 일부이다. 기독교는 풍부한 신앙 고백의 전통을 만들어 온 고백하는 종교이다. 이런 교리문답과 고백문은 교회의 주요한 정의하는 활동 중 하나인 신앙고백 행위에서 비롯된다. 교회는 성령님을 의지하며 신앙고백 행위에서 살아 계신 하나님과 화해와 구속의 복음 진리와 소망에 자신을 결합하려고 노력한다. 이 고백 행위는 복음을 증거하고 기독교 공동체의 지속적인 고백적 삶과 활동을 촉진하는 것을 목적으로 하는 확언을 낳는다. 신앙고백문과 공식은 기독교 교회의 주요한 이야기, 가르침, 상징, 실천의 의미와 함의에 관한 확신을 반영하여 교회의 삶에서 복음의 종으로서 기능한다.

교회가 신앙고백 행위와 별개로 지정된 다른 일을 하려고 할 때, 복음과의 관계를 잊어버릴 위험이 있다. 이는 두 가지 방법의 하나로 발생할 수 있다.

첫째, 교회의 신앙고백 전통을 주변화하고 박물관의 유물로 취급하여 마치 그것이 존재하지 않는 것처럼 기능하려는 결정을 통해 발생할 수 있다. 이처럼 교회의 신앙고백 유산을 소외시키는 것은 시대를 통해 교회에 말씀하신 성령님의 과거 활동으로부터 현재의 공동체를 단절시키고 복음에 대한 공동체의 증거를 약화한다.

둘째, 특정 신앙 고백문을 사실상 또는 심지어 절대적으로 오류가 없는 것으로 간주해야 한다는 주장을 통해 발생할 수 있다. 많은 개신교인이 신앙고백의 전통에 대해 거의 관심을 보이지 않지만, 또 다른 일부에서는 신학의 필수 요소로서 전통에 대해 매우 강력하고 고백적인 접근 방식을 지속해 유지해 왔다. 다양한 전통에 대한 신앙고백과 교리문답의 권위에서 신학적 의미를 찾는 이 공동체들은 종종 전통에 대한 살아 있는 관점보다는 정적인 관점을 보여주는 증거를 제시한다. 결과적으로, 이런 집단에서 출현하는 신학은 종종 모든 신학적 공식화가 갖는 상황적 성격을 왜곡한다.

이런 각각의 접근 방식은 선교적 교회에 문제를 가져온다. 첫 번째 경우, 신앙고백 행위가 성령님의 과거 역사하심과 단절된다. 두 번째 경우, 신앙고백의 지속적인 필요성에 대한 인식이 무디어지고, 과거의 신앙고백 형식이 암시적이든 명시적이든 모든 시대와 장소에 적합한 고백으로 받아들여진다. 기독교 교회의 신조와 신앙고백은 기독교 신앙의 기본 이야기, 가르침, 상징 및 실천에 대한 확장된 일련의 이차 해석의 반영으로 보는 것이 적절하다. 모든 신학적 주장이 그렇듯이, 신조와 신앙고백은 종속적이고 잠정적이다.

그것들은 하나님과 성경에 종속되어 있다. 신앙고백, 신조, 교리문답은 하나님의 계시와 성경의 증거에 대한 반응이다. 하지만 신앙고백과 신조가 복음의 진리를 증거하려는 인간의 빈약하고 오류투성이인 시도일 뿐이라고 결론을 내리면 안 된다. 신앙고백의 잠정성을 언급하는 것은 회의론의 표현이나 진정한 신앙고백을 훼손하려는 시도가 아니라, 유한한 인간이 하나님의 계시를 완전히 이해할 수 없다는 사실의 냉정한 결과이며, 교회의 사상과 언어에 대한 지속적인 개혁의 필요성을 인정하는 것이다.

신학의 지속적이고, 이차적이며, 상황적인 특성은 진정한 의미에서 모든 신학은 지역적이라는 사실, 즉 신학을 하려는 모든 시도는 신학이 출현하는 사회적 상황을 형성하는 특정한 사고 형태와 실천에 의해 영향을 받으며, 그 환경의 독특한 흔적을 지니게 된다는 사실을 일깨워준다.[24] 이는 신학이 특정한 상황에 의해 형성되고 특징지어진다는 의미에서 진정으로 지역적이지만, 동시에 역사적, 세계적 표현에서 전체 교회에 대한 지역적인 반복에 책임이 있음을 의미한다. 신학의 지역적 특성이 교회에서 종파주의의 근거가 되어서는 안 된다. 이는 우리에게 선교적 신학의 과업을 알려준다.

선교적 신학의 과제

신학의 지역적 특성은 적절하게 보편적인 신학의 실천, 즉 전체 교회

---

[24] 지역 신학의 특성에 대한 확장된 논의는 다음을 참조하라. Robert J. Schreiter, *Constructing Local Theologies* (Maryknoll, NY: Orbis, 1985); Clemens Sedmak, *Doing Local Theology: A Guide for Artisans of a New Humanity* (Maryknoll, NY: Orbis, 2002).

의 하나의 신앙을 가르치고 증거하려는 시도에 도전을 제기한다. 어떻게 우리 자신의 열망에 맞추지 않고, 하나님의 보편적인 사랑의 선교에 일치하는 신학을 할 수 있을까? 레슬리 뉴비긴은 이 질문에 이렇게 대답한다. 기독교인의 궁극적인 헌신의 대상은 복음과 성경 이야기이지만, 우리는 모두 사고방식 전체가 의식적, 무의식적으로 그 사회의 문화적 모델에 의해 형성되는 특정 사회 환경의 참여자이다. 이런 문화적 상황을 절대화하면, 복음의 가르침과 의미를 적절하게 분별하는 능력을 손상하게 된다. 하지만 우리는 특정 문화의 참여자로서 우리가 당연하게 여기고 우리 자신의 가정을 절대화하는 수많은 방식을 인식할 수 없다.

뉴비긴은 이런 상황을 감안하여, 신학의 끝없는 과제는 문화의 가정과 열망을 복음에 비추어 보는 방식으로 복음에 온전히 열려 있어야 하는 것이지, 그 반대가 아니라고 주장한다. 이를 통해 특정 문화적 모델에 지배되지 않으면서 그것을 사용하여 성경 이야기를 표현할 수 있다. 이는 기독교 신학자들이 "같은 종류의 신학을 실천하고자 하는 다른 문화권 기독교인들의 증거에 지속해서 개방적일 때"에만 가능하다.[25]

신학이라는 학문의 지속적이고, 이차적이며, 상황적인 특성에 따라, 신학의 과제는 교회의 신앙과 실천에 대한 비판적이고, 건설적인 성찰을 모두 포함한다. 비판적 성찰은 교회의 신앙과 실천이 성경 이야기와 공동체의 헌신에 부합하고, 복음과 하나님의 선교에 부합하지 않는 문화적 관행과 사고 패턴의 노예가 되지 않도록 주의 깊게 검토하고 면밀히 조사하는 것을 포함한다. 또한 공동체의 행동이 그 공동체의 가장 깊은 헌

---

[25] Lesslie Newbigin, "Theological Education in a World Perspective," *Churchman* 93 (1979): 114-15.

신을 저버리지 않도록 노력한다.

바울이 갈라디아 교인들에게 보낸 편지에서 그 예를 찾을 수 있다. 2장 11~14절에서 바울은 베드로의 행동에 대해 도전한 이야기를 들려주는데, 그는 베드로의 행동이 그 자신이 선포한 복음과 일치하지 않는다고 말한다.

게바[베드로]가 안디옥에 이르렀을 때에 책망받을 일이 있기로 내가 그를 대면하여 책망하였노라 야고보에게서 온 어떤 이들이 이르기 전에 게바가 이방인과 함께 먹다가 그들이 오매 그가 할례자들을 두려워하여 떠나 물러가매 남은 유대인들도 그와 같이 외식하므로 바나바도 그들의 외식에 유혹되었느니라 그러므로 나는 그들이 복음의 진리를 따라 바르게 행하지 아니함을 보고 모든 자 앞에서 게바에게 이르되 네가 유대인으로서 이방인을 따르고 유대인답게 살지 아니하면서 어찌하여 억지로 이방인을 유대인답게 살게 하려느냐 하였노라

이와 같은 방식으로, 교회는 오랜 세월 동안 선포하는 메시지에 충실한 실천을 구현하는 데 실패해 왔다. 이런 실천적 모순을 파악하고 바로잡아야 한다.

비판적 성찰은 교회의 본질 때문에 필요하다. 교회는 성령님의 인도를 받지만, 인간과 지상의 환경 가운데에 자리 잡고 있으며, 그 현실이 교회에서 일어나는 모든 일을 형성한다. 또한 하나님이 맡기신 높은 소명에도 불구하고, 교회는 하나님 나라의 표지, 도구, 맛보기로서의 소명에서 종종 일시적 실패를 경험한다. 신실하게 증거하는 이 소명 가운데,

교회는 "강함과 약함, 신실함과 불신실함, 순종과 불순종, 말씀에 대한 이해와 오해 속에서 역사를 통과해 간다."[26]

따라서 신학은 교회의 선교적 신실함을 지속해 평가하기 위해 성경, 전통, 문화를 통해 성령님의 인도를 받아 교회의 신앙과 실천을 계속해서 비판적으로 평가하는 역할을 한다. 이는 교회의 선포와 삶이 복음에 부합하도록 끊임없이 노력하면서 거듭거듭 돌아가야 하는 신학의 한 측면이다. 신실한 비판적 성찰을 위해서는 성경 주해에 대한 끊임없는 관심과 성경에서 발견한 내용에 대한 개방성이 요구된다. 하지만 신학적 과제의 비평적 측면에 대한 큰 도전 중 하나는 성경 본문에 대한 친숙함 또는 친숙하다고 가정하는 것이다. 덧붙여, 성경을 읽는 방식과 깊이 뿌리내린 직관과 가정은 교회의 신앙과 실천이 항상 성경의 가르침을 따라야 한다는 주장을 추상적이고 공허한 형식에 불과한 것으로 만들 수 있다. 이런 식으로, 복음과 성경의 증거는 특정 문화나 전통의 기준에 따라 길들여질 수 있다.

다른 기독교 공동체의 증거에 대한 개방성은 복음 선포와 교회의 선교를 위해 필요한 경우 우리 자신의 가정과 전제에 도전하고 수정할 수 있는 맥락을 제공할 수 있다. 이런 관점에서, 그리고 점점 더 글로벌화되는 환경에서 이용할 기회와 자원에 비추어 볼 때, 역사와 다른 문화 환경 속에서 교회의 신학적 성찰과 증거에 참여하는 것을 더 이상 사치스럽거나 대부분의 교회가 쉽게 경시하거나 무시할 수 있는 전문가의 일로만 여겨서는 안 된다. 오히려 이는 교회의 역사와 현대적 반복 가운데 교

---

26 Karl Barth, *Dogmatics in Outline* (New York: Harper & Row, 1959), 10-11.

회 안에서 성령님의 인도하심에 주의를 기울이려는 비판적인 신학적 성찰의 중요한 요소로 보아야 한다.

신학적 과제의 비판적인 측면은 건설적인 측면을 의미한다. 신학적 성찰의 과제는 공동체의 신앙과 실천에서 단순히 불일치를 발견하고 수정하는 것뿐만 아니라 교회가 특정 환경에서 소명을 실천하도록 돕는 적절한 방법에 대한 통찰력을 제공하는 것이다. 건설적인 성찰은 현대의 사회 역사적 상황에 적합한 기독교 신앙 모델의 개발과 표현을 포함한다. 이런 모델은 성경의 이야기와 가르침에 충실하고, 현대적 환경과 관련이 있고, 교회의 전통에 근거해야 한다. 따라서 이런 신학의 원천은 성경 정경, 현대 사회 및 문화적 상황의 사고 형태, 교회의 전통이다.

이 과정의 목표는 예수 그리스도 안에 계시된 삼위일체 하나님과의 관계 속에서 모든 삶을 상상하는 것이다. 이 비전은 현대의 개념적 도구를 사용하여 성경 이야기를 이해할 수 있는 용어로 표현하고 전달하는 성경적으로 규범화되고, 문화적으로 적절하며, 역사적으로 근거가 있는 기독교 신앙의 모델을 명확하게 표현하고 실천함으로써 나타난다. 신학적 과제를 이해하는 방법으로 모델 구성의 은유를 사용하는 것이 일반화되었다.[27] 신학적 모델은 복잡한 문제와 질문을 기술하고 비판적으로 검토하는 데 도움이 되는 발견 장치이다. 모델이 고려 중인 현상의 복잡

---

27 예를 들면, Avery Dulles, *Models of the Church* (Garden City, NY: Doubleday, 1974) and *Models of Revelation* (New York: Doubleday, 1983); John F. O'Grady, *Models of Jesus* (Garden City, NY: Doubleday, 1981); Raymond Collins, *Models of Theological Reflection* (Lanham, MD: University Press of America, 1984); Sallie McFague, *Models of God: Theology for an Ecological, Nuclear Age* (Philadelphia: Fortress, 1987); Elizabeth A. Johnson, *Quest for the Living God: Mapping Frontiers in the Theology of God* (New York: Continuum, 2007); Bevans, *Models of Contextual Theology*.

성과 뉘앙스 모두를 완전히 포착할 수는 없지만, 참여와 상호 작용을 자극할 수 있다. 모델은 문자 그대로는 아니지만, 진지하게 보아야 한다.[28]

모델은 특정 현상의 정확한 표현이 아니라 구성이다. 예를 들어, 삼위일체 교리는 하나님과 신성한 교제 구성원 간의 관계에 대한 모델 역할을 한다. 그것이 하나님에 대한 직접적이고 문자적인 그림을 제공하지 않지만, 하나님의 자기 계시에 근거하여 하나님의 성품과 신성한 삶의 특징을 드러낸다. 이는 하나님의 정확한 복제품은 아니지만, 하나님의 본질과 성품에 관한 진정한 이해를 제공하는 이차 언어 구조이다. 유용한 모델은 이미지와 상징과 같은 기능을 하며 "풍부하고 복잡한 현실을 알 방법을 제공한다. 모델은 항상 부분적이고 불충분한 지식을 제공하지만, 그것이 결코 거짓이거나 단순히 주관적인 것은 아니다."[29]

하나님에 대한 모델과 하나님과 창조 질서의 관계 모델은 하나님을 정확히 표현한다고 주장하지 않으면서도 정확한 통찰력과 이해를 제공한다. 하나님은 초월적이시고 유일하시며, 어떤 피조물과도 절대적으로 다르시다. 초대 교회 신학자 이레니우스는 이렇게 말한 적이 있다. "하나님은 빛이시지만 우리가 아는 어떤 빛과도 다르시다."[30] 조지 헌싱어에 따르면, "하나님의 계시를 통한 하나님에 대한 인지 가능성은 우리가 할 수 있는 한 참되게 하나님에 관해 서술하게 해주지만, 하나님의 환원할 수 없는 형언 불가능성은 우리의 최선의 서술조차도 매우 부적절하

---

[28] Ian G. Barbour, *Myths, Models, and Paradigms: A Comparative Study in Science and Religion* (New York: Harper & Row, 1974), 7.

[29] Bevans, *Models of Contextual Theology*, 30.

[30] Irenaeus, *Against Heresies* 2.13.4.

게 만든다고 이레니우스는 믿었다."³¹ 이는 특히 유대-기독교 전통의 무한하고 초월적인 하나님과 관련하여, 언어의 은유적 본질에 대해 우리에게 상기시켜 준다. 따라서 우리는 하나님의 자기 계시에 부합하고 하나님의 본질과 성품, 하나님과 세상의 관계와 유비적 친화성을 가지면서도 그러한 모든 모델의 한계를 인식하는 하나님에 대한 모델을 구축한다.

이에 따라 배타적 모델과 포괄적 모델이 구분된다. 배타적 모델을 지지하는 사람들은 신학의 임무는 모든 모델의 유추적 특성을 인정하면서도, 가장 적합한 단일 모델을 식별하고 다른 모델을 배제하는 데 사용하는 것이라고 제안한다. 포괄적 모델은 신학적 진리를 탐구하고 해석하는 데 있어 다양한 관점의 중요성을 제시한다. 스티븐 베반스는 "모델로 표현하려는 현실의 복잡성 때문에 다양한 모델이 필수적일 수도 있다"고 말하며, "한 가지 모델만 배타적으로 사용하면 이해하려는 현실을 왜곡할 수 있다"고 제안한다.³²

인간 지식의 유한한 특성과 신학의 무한한 신적 주제에 비추어 볼 때, 하나님에 관한 올바른 개념은 유일한 묘사를 거부하고 다양한 관점을 요구한다. 모든 신학적 구성은 그 자체로는 불충분하며 다른 모델로 보완될 필요가 있다. 그렇다고 해서 특정 관점에서 가장 도움이 되는 특정 모델을 채택할 가능성을 배제하지는 않지만, 에이버리 덜레스의 말처럼, 이 과정에서도 "다른 신학자들이 다른 모델의 도움을 받아 확언할 수 있는 것의 타당성을 부정할 필요는 없다. 좋은 신학 체계는 일반적으

---

31 George Hunsinger, "Postliberal Theology," in *The Cambridge Companion to Postmodern Theology*, ed. Kevin J. Vanhoozer (Cambridge: Cambridge University Press, 2003), 47.
32 Bevans, *Models of Contextual Theology*, 30.

로 자신의 근본 은유의 한계를 인정하고, 따라서 다른 관점의 비판에 개방적이다."33

다시 말해, 어떤 모델도 성경적 증거의 다양성, 그에 대한 관점의 다양성, 신학을 낳는 복음과 문화 사이의 상호 작용의 복잡성을 모두 설명할 수 없다. 이런 관찰은 다시 신학적 과제의 비판적 측면으로 돌아가 신학적 과제의 비판적 측면이 건설적 측면을 낳는 것과 마찬가지로, 건설적 측면이 비판적 측면을 낳는다는 주장으로 이어진다. 신학의 과제는 그 고유한 주제를 충실히 증거하기 위해 비판적이고 건설적인 성찰을 모두 포함해야 한다. 따라서 신학적 과제의 건설적 측면은 인간 지식의 특성과 신학의 주제에 부합하는 본질적으로 자기 비판적이고 개혁적인, 성경적 규범을 따르고, 문화적으로 적절하며, 역사에 기반을 둔 기독교 신앙의 모델을 명확하게 표현하는 것을 포함한다. 또한 신학적 구성의 과제는 우리가 살고 있는 세계에 대한 이해를 표현하는 상징의 의미에 대해 신앙 공동체의 참여자로서 나누는 지속적인 대화로 특징지을 수 있다.

다양한 역사적, 문화적, 민족적, 교회적 표현 가운데 선교적 신학의 임무는 한 신앙의 가르침을 명확히 하는 전체 교회의 공동 과제에 기여하기 위해 전체 교회가 전체 기독교 신앙에 대한 특별한 증거를 제공하는 것이다. 이는 다양한 전통과 민족의 목소리와 관점을 단순히 특정 공동체에만 봉사하는 것으로 보아서는 안 된다는 것을 의미한다. 개혁신학은 단순히 개혁교회만을 위한 것이 아니며, 루터교 신학도 루터교도만을

---

33 Dulles, *Models of Revelation*, 34-35.

위한 것이 아니다. 이런 신학은 특정 고백 공동체에서 발생하지만, 궁극적으로 전체 교회에 봉사한다. 마찬가지로, 흑인 신학은 흑인만을 위한 것이고, 아시아 신학은 아시아인만을 위한 것이며, 페미니스트와 여성주의 신학은 여성만을 위한 것으로 생각해서는 안 된다. 이런 신학들은 서로 다른 경험에서 생겨나고 그런 경험에 특별히 주의를 기울이지만, 전체 교회를 위한 것이다. 우리가 복음의 진리와 하나님의 선교를 증거하려면 그것들이 모든 사람의 생각을 알려야 한다.

선교적 신학은 항상 특정한 사회적, 역사적 경험과 상황에서 발생하지만, 그 의도는 그런 경험과 관점의 특수성에서 전체를 위하여 복음의 진리를 증거함으로써 전체 교회를 정확하게 섬기는 것이다. 실제로 우리는 방대한 인간 경험의 전체 범위에 대한 이런 관심을 통해서만 복음의 충만함과 삶 전체를 위한 복음의 중요성을 인식할 수 있다.

선교적 신학의 목적

신학의 목적을 다룰 때 우리는 왜라는 질문을 던진다. 우리는 왜 신학을 하는가? 애초에 신학을 하는 목적과 의도는 무엇인가? 하나님에 대한 올바른 믿음을 얻기 위해서인가? 잘못된 가르침을 바로잡기 위해서인가? 물론, 이런 문제들은 중요하며, 성경은 그 각각을 기독교인의 삶과 교회의 사역에서 주의를 기울여야 하는 측면으로 규정한다. 하지만 어느 것도 우리가 신학을 하는 이유에 대한 궁극적인 대답을 제공하지 않는다. 하나님에 대한 올바른 믿음이 필요한 이유는 무엇이며, 부적절한 가르침을 바로잡는 것이 중요한 이유는 무엇일까? 성경은 또한 신학의 목적과 관련된 여러 다른 주장을 제공한다. 우리는 마음을 다해 전 존재로 하나님을 사랑하고 (마 22:37), 세상의 풍조를 본받지 않고 마음을 새롭게 함으로 변화를 받아 하나님의 뜻을 분별하고(롬 12:2), 모든 생각을 사로잡아 그리스도에게 복종하게 하며(고후 10:5), 그리스도 안에 있는 소망에 관한 이유를 묻는 사람에게 대답할 것을 항상 준비하도록(벧전 3:15) 부름을 받았다. 이들 각각은 신학의 성격에 대한 중요한 관점을 제공하지만, 여전히 신학의 중요한 목적에 대한 궁극적인 해답을 제시하지 않는다.

선교적 신학의 목적은 성령님과 협력하여 세상을 위해 예수 그리스도의 방식으로 하나님의 사랑을 실천함으로써 하나님의 선교에 참여하는 증거의 공동체를 형성하는 것이다.[34] 이런 공동체의 형태는 세상을 향한 하나님의 사랑에 대한 성경적 증거에 나타난 하나님 영원한 사랑의 삶이라는 선교적 성격과 연결된다. 이는 성부, 성자, 성령이 나누는 사랑의 교제에 세상이 참여할 수 있도록 화해와 구속의 목적으로 성자와 성령을 보내신 데서 분명하게 드러난다. 교회는 만물의 종말론적 완성에서 하나님의 창조 의도가 성취되기를 기대하는 이 사랑의 교제를 현재에 잠정적으로 보여주는 존재로 부름을 받았다.

신학은 예수 그리스도의 복음을 믿고 그에 따라 사는 사람들의 공동체를 형성하고 발전시키는 데 성령님과 함께 일함으로써 이 선교에 참여한다. 선교적 신학은 세상을 위해 공동체의 삶에서 실천되는 하나님

---

[34] 성경 안에서 그리고 성경을 통해 말씀하시는 성령님의 역사에 대해서는 다음을 참조하라. Stanley J. Grenz and John R. Franke, *Beyond Foundationalism: Shaping Theology in a Postmodern Context* (Louisville: Westminster John Knox, 2001), 57-92.

의 사랑에 관한 기쁜 소식을 전하는 것이다. 따라서 선교적 관점에서 신학을 실천하는 것은 "하나님과 하나님의 목적에 대한 더 큰 지식뿐만 아니라 그 목적에 더 성찰적이고 지적으로 참여하는 것"을 포함한다.[35] 세상에서 하나님의 목적을 이해하고 실천하는 데 있어 특히 중요한 것은 하나님의 사랑에 응답하여 서로 사랑하라는 부르심이다. "사랑하는 자들아 하나님이 이같이 우리를 사랑하셨은즉 우리도 서로 사랑하는 것이 마땅하도다 어느 때나 하나님을 본 사람이 없으되 만일 우리가 서로 사랑하면 하나님이 우리 안에 거하시고 그의 사랑이 우리 안에 온전히 이루어지느니라"(요일 4:11~12).

에베소서 4장 12~16절은 살아 계신 하나님의 사랑을 실천하는 우주적 선교에 부합하는 신학의 목적에 대한 유용한 요약을 제공한다. 다음과 같은 목적을 가지고, 하나님은 성령님을 통해 교회에 은사를 주신다.

> 이는 성도를 온전하게 하며 봉사의 일을 하게 하며 그리스도의 몸을 세우려 하심이라 우리가 다 하나님의 아들을 믿는 것과 아는 일에 하나가 되어 온전한 사람을 이루어 그리스도의 장성한 분량이 충만한 데까지 이르리니 이는 우리가 이제부터 어린아이가 되지 아니하여 사람의 속임수와 간사한 유혹에 빠져 온갖 교훈의 풍조에 밀려 요동하지 않게 하려 함이라 오직 사랑 안에서 참된 것을 하여 범사에 그에게까지 자랄지라 그는 머리니 곧 그리스도라 그에게서 온몸이 각 마디를 통하여 도움을 받음으로 연결되고 결합되어 각 지체의 분량대로 역사하여 그 몸을

---

[35] Stephen B. Bevans and Roger P. Schroeder, *Constants in Context: A Theology of Mission for Today* (Maryknoll, NY: Orbis, 2004), 1.

자라게 하며 사랑 안에서 스스로 세우느니라.

선교적 신학은 성령님과 함께 기독교 공동체가 믿음의 연합에 이르고 사랑 안에서 진리를 말하는 그리스도의 몸을 세우기 위해 제자도, 전도, 예배 등의 사역을 할 수 있도록 준비시킨다. 사랑은 이 비전의 중심이다. 이는 하나님의 삶에서 사랑의 중심성과 일치하며, 하나님이 세상을 위해 의도하신 것이다.

위 1장에서 설명한 대로, 세상에 실천하는 이 하나님의 사랑은 에베소서 2~3장에 나타난 평화를 이루기 위한 것이다. 교회는 예수님이 선포하신 하나님 나라의 표지, 도구, 맛보기로서, 그리고 이 땅에 평화를 세우는 수단으로서 이 과정에 참여하도록 하나님의 부르심을 받았다. 하지만 이 평화의 수립은 역설적이다. 한편으로, 평화는 받아들이고 가꾸어야 할 하나님의 반가운 선물로 종종 힘든 삶의 상황에서 위로와 안식을 준다. 다른 한편으로, 그것은 소외되고 억압받는 사람들을 위하여 하나님과 다른 사람들과 연대하여 수고하고 투쟁하라는 요청이다.

우리는 흔히 "평화"를 단순히 갈등이 없는 상태로 정의하지만, 성경적 전통에서는 그 이상의 의미를 지니고 있다. "평화"를 뜻하는 히브리어 샬롬은 단순히 명백한 갈등이 없는 상태뿐만 아니라, 하나님, 이웃, 모든 피조물과 올바른 관계의 결과인 질서 정연한 평온의 상태를 가리킨다. 평화는 모든 것이 상호 이익을 위해 상호 연결된 상태이며, 창조주의 선하심에서 비롯되고 드러나는 것이다. 평화는 하나님의 의도이자 선물이며, 개인과 공동체 전체의 영적, 물질적 안녕을 내포한다. 그것은 세상에서 하나님의 방식에 대한 언약적 신실함의 결과이다.

신약성경에서 평화의 개념은 히브리어 샬롬 개념을 기반으로 하며, 예수님과 연합하고 연대하는 삶, 즉 타인을 위한 예수님의 자기희생적 사랑을 본받아 평화와 화해의 선교를 공유하는 삶을 사는 영적 차원을 강화한다. 야고보서는 삶에 대한 두 가지 접근 방식을 대조한다. 먼저, 세속적이고, 영적이지 않은, 마귀적인 지혜인데, 이는 이기적인 야망을 특징으로 하고 무질서와 사악함으로 이어진다. 다음으로, 위로부터 오는 지혜인데, 이는 화평하고, 온유하며, 기꺼이 양보하기 좋아하며 평화로 뿌려진 의의 열매를 거두게 한다. 성경에서는 위로부터 오는 지혜를 따라 사는 삶을 의롭게 사는 삶으로, 그 결과 하나님의 선물로 주어지는 평화를 누리며 지속해서 가꾸어 나가는 개인의 상태로 묘사한다. 이는 예수님의 가르침에 따라 신실한 삶을 사는 예수님의 제자들이 매일 누릴 수 있는 놀라운 평안이다. 바울이 감옥에서 빌립보 교인들에게 보낸 편지에서 말하는 평안, 즉 우리가 인생에서 마주치는 가장 어려운 상황에서도 모든 이해를 뛰어넘는 평안이 바로 이런 것이다.

앞에서 살펴본 바와 같이, 샬롬의 사회적 차원은 충만한 평화가 단순히 개인의 문제가 아님을 상기시켜 준다. 샬롬은 아이들이 유아기에 죽지 않고, 노인들이 생산적이고 품위 있는 삶을 살며, 건축하고 심는 사람들이 수고의 열매를 누리는 세상에 대한 비전을 묘사한다. 이는 이 말씀이 쓰인 고대 근동 지역의 특징이었던 지배 사회와 극명한 대조를 이룬다. 그런 사회는 정치적으로 억압적이고, 경제적으로 착취적이며, 만성적으로 폭력적이었다. 일반적인 추정에 따르면, 생산된 부의 거의 3분의 2가 극소수의 사람들에게 돌아갔다. 소수의 부유한 엘리트와 나머지 인구 사이의 격차는 대다수에게 비참한 영향을 미쳤다. 그들은 고통스럽고

힘겨운 삶을 살아야 했으며, 그들의 기대 수명은 엘리트 계층의 절반 정도에 불과했다.

전쟁이나 명백한 갈등이 없다고 해서 평화가 보장되는 것은 아니다. 예수님 당시의 로마 제국도 지배 사회였다. 로마 제국은 유명한 팍스 로마나(로마의 평화)를 이루었지만, 평화와 정반대되는 삶의 방식, 즉 폭력에 의해 강요되는 억압적인 정치 및 사회 구조를 강요했다. 이와 대조적으로, 예수님이 선포하신 히브리 예언자 전통은 모든 사람이 충분하고 누구도 두려워할 필요가 없는 평화롭고 조화로운 존재에 대한 비전을 제시한다.

이 비전에 대한 예수님의 선포는 평화를 위한 투쟁을 가리키며, 마태복음 10장 34~36절 말씀을 이해하도록 도와준다. "내가 세상에 화평을 주러 온 줄로 생각하지 말라 화평이 아니요 검을 주러 왔노라 내가 온 것은 사람이 그 아버지와, 딸이 어머니와, 며느리가 시어머니와 불화하게 하려 함이니 사람의 원수가 자기 집안 식구리라." 기독교 전통에서 평화의 왕으로 불리는 분이 어떻게 이런 말씀을 하실 수 있을까? 예수님은 모든 사람을 위한 평화의 선포가 시민들의 고통과 억압을 경감시키는 것보다 자신의 지위를 보존하는 데 더 관심이 있는 로마 행정관의 모습으로 역사하는 이 세상의 정사와 권세에 직접적으로 대립하게 될 것임을 아셨다. 평화, 정의, 화해를 위하여 이처럼 현상 유지에 도전하는 것은 본질적으로 분열과 갈등으로 이어진다. 일상에서 예수님의 제자가 되겠다는 결단은 비교할 수 없는 평화와 다른 사람들이 정의롭고 평화로운 세상에서 살 수 있도록 끊임없이 투쟁하겠다는 헌신을 동반한다.

선교적 신학은 아버지께서 원하시는 "실제" 세계를 따르고 기대하면서, 예수 그리스도 안에서 일관성을 발견하고, 사회적으로 구성된 세계를 창조하는 일에 성령님과 협력한다. 하지만 하나님이 원하시는 세상은 현재의 실재가 아니라 종말론적 미래에 있다. 세상에는 어떤 객관적 실재가 존재하지만, 이 객관성은 우리가 사회적, 언어적으로 구성한 현실의 외부에, 그리고 동시대적으로 존재하는 정적인 실재가 아니다. 그것은 어떤 사람들이 "있는 그대로 세상"이라고 부르는 것이 아니다. 대신, 성경의 이야기는 하나님이 원하시는 세상의 객관적인 본질을 제시한다. 실제 세상은 하나님이 새 창조 안에서 세우실 미래의 종말론적 세계이다. 이 미래의 실상은 피조물을 향한 하나님의 결정된 뜻이기 때문에, 지금 사라지고 있는 현재 세상보다 훨씬 더 현실적이고, 객관적이며, 실제적이다(고전 7:31). 요컨대, 성경의 이야기는 종말론적 실재론이라고 부를 수 있는 것을 가리킨다.

이런 종말론적 실재론을 사회 구성주의자들의 통찰과 연관시키면서, 우리는 인간이 하나님 형상을 지닌 존재로서 창조에 대한 하나님의 종말론적 의지를 반영하는 현재 세상을 건설하는 하나님의 일에 참여하도록 부름을 받았다는 점에 주목한다. 이 소명은 세상을 건설하는 과업에서 언어의 역할로 인해 강한 언어적 차원을 가지고 있다. 기독교 공동체는 언어의 건설적인 힘을 통해 모든 피조물이 말씀이시며(요 1:1) 우주 질서의 원리이신 예수 그리스도 안에서 연결성을 발견하는(골 1:17) 성경 이야기의 절정에 서 있는 하나님의 종말론적 세계를 기대한다. 따라서 선교적 신학은 공동체적 초점에서 그리스도 중심적으로 그리고 종말론적 지향에서 그리스도 지향적으로 해석될 수 있다. 우리는 교회를 진리 가운데로 인도하시는 성령님의 역사를 통해 이런 종말론적 미래를 현재에서 기대한다(요일 2:27).

하나님의 선교에 의해 형성되는 신학의 목적은 그리스도를 따르는 공동체가 그들이 처해 있는 특정한 사회 역사적 상황에서 하나님 백성의 이런 비전을 실천하는 선교적 소명을 돕는 것이다. 그렇게 함으로써, 신학은 교회가 모든 사람을 위한 하나님의 뜻을 잠정적으로 보여주고 하나님 나라를 미리 맛보도록 하는 소명에 있어 도움을 준다.

하나님의 선교에 의해 형성되는 신학의 목적은 그리스도를 따르는 공동체가 그들이 처한 특정한 사회 역사적 상황에서 하나님의 백성에 대한 비전을 실천하는 선교적 소명을 갖도록 돕는 것이다. 그렇게 함으로써 신학은 교회가 모든 사람을 향한 하나님의 뜻을 잠정적으로 증명하고 하나님 나라를 미리 맛보게 하는 소명을 수행하도록 돕는다.

선교적 신학하기

선교적 신학은 복음을 믿고 그에 따라 살 준비가 되어 있는 공동체의 삶과 증거에서 시작된다. 공동체가 특정한 사회적 위치에서 그 상호작용 가운데 포괄적으로 복음을 증거할 때, 선교적 만남과 경험은 복음과 기독교 신앙에 대한 공동체의 개념과 그것이 세상에서의 증거에 갖는 함의를 지속해서 형성하고 도전한다. 이런 만남과 경험은 문화적, 신학적 성찰의 출발점을 제공한다. 이런 성찰은 씨름하고 응답해야 할 질문의 공식화에서 시작된다. 그 문화에서 무슨 일이 일어나고 있는가? 이런 만남과 경험에는 어떤 필요, 욕구, 관심 및 도전이 반영되어 있는가? 복음은 그들에게 어떻게 말하는가? 성경은 이런 상황에 대해 어떤 통찰력을 제공하는가? 과거와 현재의 기독교 공동체는 어떤 방식으로 현대의 상황과 도전에 기여해 왔는가? 하나님은 그 상황에서 어떻게 일하시는가? 성령님은 교회들에 무엇을 말씀하시는가?

이런 성찰은 실제 상황의 결과이기 때문에, 공동체와 개인이 직면한 특정 상황과 도전에 어떻게 대응할 것인지 결정하면서 선교적 행동으로 이어질 것이다. 행동 방침을 결정하면 더 깊은 신학적 성찰을 촉구하는 추가적인 중요한 질문이 제기될 것이다. 하나님의 선교에 신실한 반응은 무엇인가? 사랑의 반응은 무엇인가? 공동체는 어떻게 변화해야 할까? 개인과 더 넓은 공동체는 어떤 희생을 치러야 하는가? 특정한 반응이 교회의 연합에 어떤 영향을 미칠 수 있는가? 반대 의견은 어떻게 처리되는가? 이것은 직선적인 순차적 과정으로 해석될 수 있지만, 실제로는 각 부분이 전체와 상호 작용한다(이 과정에 대한 설명은 그림 3.2 참조).

그림 3.2 선교적 신학의 과정

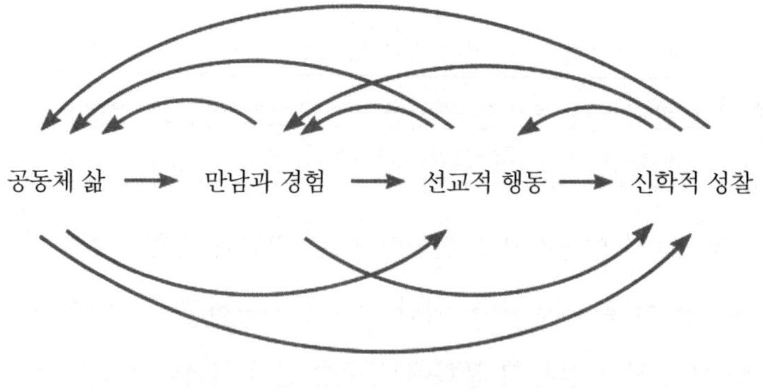

공동체 삶 → 만남과 경험 → 선교적 행동 → 신학적 성찰

선교적 신학을 하는 과정에서 우리는 성경, 문화, 전통이라는 세 가지 원천을 확인할 수 있다. 성경은 성령님이 교회를 인도하시는 주된 수단이며, 따라서 성경은 신학의 표준 규범이다. 뉴비긴의 말에 따르면, 성경은 "이야기 형식으로만 아니라, 기본적으로 하나님의 성품과 행동과 목적을 우리에게 알려주는 문헌"이다.36 성령님은 성경의 페이지를 통해 세상을 향한 하나님의 의도를 전달하고, 예수님을 따르는 사람들이 그들의 사회적 환경과 관련하여 그런 목적에 참여할 수 있도록 준비시키며, 과거 공동체의 전통을 오늘날의 복음 선포와 연결한다. 따라서 주해 작업이 신학 작업에 결정적으로 중요하다.

하지만 구더에 의하면, 거의 모든 기독교 전통이 교회를 위한 성경의 중심성을 인정하지만, "성경 중심적이고, 성경적 설교를 기대하고 경험하면서도, 선교적 소명을 인식하고 실천하는 교회가 되지 못할 수도 있다."37 이것이 바로 많은 서구 교회의 위기이자 딜레마이다. 서구 교회는 선교를 위한 형성에 대한 중심적인 강조점을 놓치는 방식으로 성경을 전용했다. 이런 맥락에서, 복음을 주로 하나님의 은혜가 우리 개인을 위해 하는 일로 받아들이게 되었다. "성경이 주로 개인의 구원에 관한 것이라는 확신을 하고 성경을 진지하게 받아들이는 것이 가능하다. 개인의 필요는 충족되지만, 세상에서 성경을 증거하기 위한 전체 공동체의 형성은 강조하지 않는 방식으로 성경을 설교할 수도 있다. 요컨대, 성경 중심

---

36 Newbigin, *Foolishness to the Greeks*, 59.

37 Darrell L. Guder, "Biblical Formation and Discipleship," in *Treasure in Clay Jars: Patterns in Missional Faithfulness*, ed. Lois Y. Barrett (Grand Rapids: Eerdmans, 2004), 60.

적이면서도 전심으로 선교적이지 않을 수 있다."[38]

이에 대해 선교적 신학은 성경 본문을 제자도와 하나님의 선교에 참여하는 공동체를 형성하는 수단으로서 분명한 선교적 관점에서 공동체 안에서 읽어야 한다고 주장한다. 『선교적 교회』의 저자들은 이를 위해 공동체가 성경 본문, 특히 신약 성경의 해석에 관한 선교적으로 예리한 질문으로 성경 연구의 틀을 잡아야 한다고 제안한다. "이 본문은 초대교회의 선교를 어떻게 준비시켰으며, 우리의 선교를 어떻게 준비시키는가? 이 본문은 복음에 대해 무엇을 말하는가? 복음이란 무엇인가? 이 본문은 우리 자신에 대해 무엇을 말하는가? 우리 세계에 대해서는? 이 본문은 복음이 알려지는 방식에 대해 우리에게 무엇을 알려 주는가? 이 본문은 우리의 조직 형태와 기능에 어떻게 도전을 주는가? 이 본문에 비추어 우리 조직의 관행을 어떻게 바꿔야 하는가? 이 본문은 우리에게 어떻게 회심하도록 도전하는가?"[39] 이런 질문을 성경과 함께 사용하면 성령님의 역사로 선교적 공동체를 형성할 수 있지만, 이런 형성은 항상 특정 공동체가 위치한 문화에 의해 이루어질 것이다.

성경이 신학의 표준 규범이지만, 문화의 영향은 성경의 생성과 해석에 이르기까지 모든 것을 포괄한다. 어떤 사람들은 문화를 신학의 원천으로 포함하는 것이 부적절하고 전통적인 신학의 개념과 맞지 않는다고 생각한다. 하지만 스티븐 베반스가 말한 바와 같이, 신학의 역사에서 문화적 요소는 명시적으로 인정되지 않더라도, 실제로는 매우 일반적이다. "문화와 문화에서의 사회 변화를 고려하여 신학을 하는 것은 전통적 또

---

[38] Guder, "Biblical Formation and Discipleship," 60.
[39] Guder, *Missional Church*, 246.

는 고전적 신학 수행 방식에서 벗어난 것이라고 말할 수 있지만, 신학의 역사를 연구하면 모든 진정한 신학이 암묵적 또는 실제적 방식으로 특정한 상황에 매우 깊이 뿌리를 내리고 있음을 알 수 있다."[40] 콜린 건턴은 이 점을 간결하게 설명한다. "우리는 모든 신학이 특정한 상황에 속해 있으며, 따라서 그 상황의 제약에 의해 어느 정도 제한을 받는다는 사실을 인정해야 한다. 그런 의미에서, 상황은 신학자가 귀를 기울여야 할 권위 중 하나이다."[41] 선교적 신학의 작업은 문화의 언어, 즉 동시대 사람들이 의미를 발견하고, 그들의 세계를 구성하며, 개인의 정체성을 형성하는 인지적 도구, 개념, 이미지, 상징, 사고 형태를 통해 복음을 표현하도록 요구한다.

이런 관점에서 볼 때, 선교적 신학은 교회가 하나님의 선교에 더욱 충실히 참여할 수 있도록 돕기 위해 하나님의 목적에 따라 시대를 이해하고 해석하려는 시도를 포함한다. 문화에 귀를 기울이는 과업은 문학, 음악, 영화, 텔레비전, 미술, 신문, 잡지는 물론, 정부, 법원, 대학 및 기타 기관과 같이 시대의 정신을 표현하는 다양한 장소와 사건에 대한 관찰이 포함된다. 이 과정에서, 신학은 문화적 상황에 대응하려고 할 뿐만 아니라, 그로부터 배운다. 복음과 문화 사이의 신학적 상호 작용은 우리가 상황을 다루는 능력을 최적화하고 우리의 신학적 작업을 향상할 수 있다. 실제로, 직접적으로, 혹은 보다 간접적으로, 문화를 통해 우리는 신학적 통찰력을 얻을 수 있다. 요컨대, 우리 문화를 읽으면 성경 본문을 읽

---

40 Bevans, *Models of Contextual Theology*, 7.

41 Colin Gunton, "Using and Being Used: Scripture and Systematic Theology," *Theology Today* 47, no. 3 (October 1990): 253.

는 데 도움이 되어 우리의 특정한 문화적 상황에서 성령님의 음성을 더 분명하게 들을 수 있다. 신학은 성경을 통해 말씀하시는 성령님의 음성에 귀를 기울이는 것 외에도, 문화를 통해 말씀하시는 성령님의 음성에도 주의를 기울여야 한다.[42]

이런 성령님의 역사는 기독교 전통을 구성하는 수많은 공동체를 만들었고, 지금도 계속해서 만들고 있다. 우리는 종종 기독교 전통에 대해 쉽게 말하지만, 교회의 역사를 조금만 훑어보아도 다양한 기독교 전통이 우리가 기독교 전통이라고 부르는 것을 구성하고 있음을 알 수 있다. 예를 들면, 기독교 전통 안에 영국 성공회, 웨슬리안, 메노나이트, 침례교, 오순절 교회 등 다양한 전통이 있다. 또한 더 큰 전통을 구성하는 이런 각 전통에도 상당한 다양성이 존재한다. 이런 공동체 간의 차이점은 기독교 신앙에 관한 많은 중요한 질문에 대해 대안적이고 종종 경쟁적인 답변을 만들어 냈다. 따라서 기독교 전통은 특정한 사회적, 역사적, 문화적 조건과의 관계에서 성경 본문에 기초한 일련의 복음의 지역적 번역과 공동체 생활의 반복으로 이해할 수 있다.[43] 이런 다면적인 전통을 파악하는 것은 선교적 신학 방법의 중요한 요소가 된다. 기독교 전통은 우리가 완전한 이해할 수 없는 광활한 바다와 같아서, 그 역사와 다양성을 인식할수록 기독교 공동체의 증거 속에 역사하시는 성령님의 음성과 복

---

42 이 주제에 대한 자세한 논의는 다음을 참조하라. John R. Franke, "We Hear the Wonder of God in Our Own Languages': Exploring the Significance of the Spirit's Speaking through Culture," *Cultural Encounters: A Journal for the Theology of Culture* 6, no. 1 (2010): 7-23.

43 이 주제에 관해서는 다음을 참조하라. Lamin O. Sanneh, *Translating the Message: The Missionary Impact on Culture* (Maryknoll, NY: Orbis, 2008).

음과 신학의 "무한한 번역 가능성"에 더욱 주의를 기울일 수 있다.[44]

이런 다형적 전통은 성경 해석, 신학, 예배 및 선교의 역사에서, 과거의 신학 정립에서, 그리고 세계 운동으로서 기독교의 확장과 발전에서 찾아볼 수 있다.[45] 기독교 전통의 다양성과 무한한 번역 가능성은 기독교 전통을 우리와 반목하는 다른 공동체에 대항하는 무기로 간주하여서는 안 된다는 것을 강력하게 상기시켜 준다. "전통은 반대를 내리치고 반대자들을 무참히 짓밟는 망치가 아니라, 경쟁하는 많은 전통과 전통에 대한 해석 중에서 책임감 있게 읽고, 해석하고, 걸러내고, 선택하는 책임이다. 만일 여러분에게 전통이 있다면, 그 전통과 그 다양성에 대한 책임을 져야 한다."[46] 이제 우리가 주목해야 할 것은 바로 이런 다양성이다.

---

[44] Bevans and Schroeder, *Constants in Context*, 2.

[45] 여기서 특히 중요한 것은, Dale T. Irvin and Scott W. Sunquist, *History of the World Christian Movement*, vol. 1, *Earliest Christianity to 1453*; vol. 2, *Modern Christianity from 1454-1800* (Maryknoll, NY: Orbis, 2001, 2012).

[46] John D. Caputo, *Deconstruction in a Nutshell: A Conversation with Jacques Derrida* (New York: Fordham University Press, 1997), 37.

4장

선교적 다양성

Missional Multiplicity

"오직 성령이 너희에게 임하시면 너희가 권능을 받고 예루살렘과 온 유대와 사마리아와 땅끝까지 이르러 내 증인이 되리라 하시니라"(행 1:8). 예수님은 자신이 택한 사도들에게 이 말씀을 하신 후 들어 올려져 그들의 눈앞에서 사라지셨다. 사도들은 예루살렘으로 돌아와 기다리며 기도했다. 오순절 날, 강한 바람이 그들에게 임했고, 그들은 성령의 충만함을 받고 다른 언어로 말하기 시작했다(2:1-4). 본문은 이 현상을 보기 위해 모인 크고 다양한 사람의 무리가 각자의 언어로 말하는 것을 듣고 당황했다고 말한다. 이 언어 현상을 경험한 사람들은 놀라움과 당혹감에 휩싸여 그 의미를 서로 물었다고 한다(2:5~12).

이 오순절 다양성의 의미는 땅끝까지 증인이 되라는 교회의 선교를 이해하는데 중요하다. 여기서 성령님의 활동은 복음 선포와 교회의 선교와 관련하여 특정 언어나 문화를 효과적으로 분산시킨다. 이는 하나의 언어나 문화를 복음 메시지의 유일한 통로로 간주해서는 안 된다는 것을 의미한다. 기독교인들은 새 신자들에게 성경 언어를 배우라고 주장하지 않고, 성경을 그들의 언어로 번역하여 다양한 문화권의 사람들이 성경을 접할 수 있도록 했다. 이 원칙은 다양성과 상황성의 개념을 중심으로 형성된 선교에 대한 기독교적 접근의 발전에서 핵심적인 요소였다. 기독교 역사학자이자 선교학자인 라민 사네는 이런 선교 접근을 "성경, 법, 종교에서 아랍 유산의 필수 불가결성과 같은 양도할 수 없는 문화적 가정을 내포하고 있는" 이슬람의 접근과 대조한다. 그는 기독교 증거는 사도행전 내러티브의 오순절 패턴을 따르는 것이 가장 좋으며 "수용자 문화를 선포의 진정한 최종 위치로 삼아, 종교가 문화적 거부감 없이 도착하도록 하는 것"을 선호한다고 주장한다.[1]

이런 선교 접근 방식은 성경이 수많은 자국어로 번역되는 결과로 이어졌다. 성경 전체가 698개 언어로 번역되었고, 1,548개 언어에는 신약성경이 번역되어 있으며, 추가로 1,138개 언어에는 성경의 일부가 번역되어 있다.[2] 성경을 이런 언어들로 이용할 수 있게 됨에 따라 전 세계적으로 문화적, 사회적으로 다양한 증거의 공동체가 점점 더 많이 설립되고 있다. 이 새로운 공동체들은 세상에서 대안적인 삶의 방식을 실천하도록 부름을 받았고, 모든 종족과 민족이 모든 사람을 향한 하나님의 사랑에 대한 기쁜 소식을 증거한다. 오순절 이후, 교회는 땅끝까지 복음을 증거하라는 기독교 공동체의 소명에 따라 다면적이고, 다방향적인 운동으로 발전했다. 이는 흔히 상상하거나 암시하는 것처럼, 팔레스타인에서 유럽을 거쳐 전 세계로 발전한 것이 아니다. 오히려 팔레스타인에서 아

---

1 Lamin Sanneh, *Translating the Message: The Missionary Impact on Culture* (Maryknoll, NY: Orbis, 1989), 20.
2 Wycliffe Bible Translators, "Our Impact," accessed February 13, 2020, https://www.wycliffe.org.uk/about/our-impact.

시아로, 팔레스타인에서 아프리카로, 팔레스타인에서 유럽으로 이동하며 각 지역의 문화적 다양성에 스며들었다. 이는 "단순히 제도의 확장이 아닌 하나의 운동의 출현으로, 단순히 기성 교리의 전파가 아닌 복음의 '무한한 번역 가능성'과 선교적 의도에 대한 끊임없는 발견으로 이해해야 하는 이야기"이다.[3]

이런 번역 가능성은 복음의 메시지가 민족, 부족, 언어, 종족의 경계를 넘어 전 세계로 퍼져나가면서 문화, 사회, 상황에 따라 기독교 신앙을 새롭게 적용하는 결과를 지속해 낳는다. 복음을 전하는 이런 선교적 관여에서, 교회는 복음을 새로운 민족과 새로운 문화에 관련시키는 도전에 부응하기 위해 끊임없이 스스로를 재창조한다. 교회가 된다는 것의 의미에 대한 경험과 이해는 이처럼 복음이 문화에 지속해 관여하는 데서 비롯된다. "그러므로 한편으로 기독교 선교의 필요와, 다른 한편으로 그 선교가 항상 근본적으로 상황적이어야 하는 필요 사이에는 필연적인 연관성이 있는 것 같다. 선교의 긴급성은 변화, 적응 및 번역의 긴급성, 즉 상황과 연결되어 있다."[4] 복음이 세상 문화에 지속해 관여하는 것은 기독교 공동체의 선교적 본질을 반영하는 환원할 수 없는 다양성을 낳는다. 하나님의 사랑에 관한 기쁜 소식을 땅끝까지 전하고 세상의 유익을 위해 모든 민족과 상황 가운데 그것을 구현하라는 소명의 본질은 필연적으로 차이와 다양성으로 이어진다.

이런 관점에서 볼 때, 획일성보다는 다양성이 기독교의 역사를 특징

---

3 Stephen B. Bevans and Roger P. Schroeder, *Constants in Context: A Theology of Mission for Today* (Maryknoll, NY: Orbis, 2004), 3.

4 Bevans and Schroeder, *Constants in Context*, 31.

짓는다. 이런 선교적 다양성의 확산은 기독교 전통의 발전에서 규범으로 간주해야 할 만큼 중요하다. 이런 다양성은 하나님의 선교와 의도에 따라 교회를 진리 안으로 인도하시는 성령님의 역사이다. 오순절 이야기는 성령님의 역사를 나타내며 복음 메시지 전파를 위한 패러다임이다.

이 역사의 결론은 모든 곳의 모든 교회와 그들이 주장하는 신학이 "문화 교회"이자 "문화 신학"이라는 것이다. 그들 모두는 특정한 문화적 환경의 흔적을 지니고 있다. 모든 교회는 의식적이든 무의식적이든 사회적, 역사적 상황의 일부인 가정과 직관에 의해 형성되며, 심지어 그들의 문화적 환경의 일부에 대해 반대의견을 표명하는 경우에도 마찬가지이다. 선교학자 앤드루 월스는 복음의 모든 표현과 모든 형태의 기독교 신앙과 신학이 문화적으로 내재하여 있기 때문에 특정 기독교 집단이 "다른 시간과 장소에 의해 결정된 삶에 대한 일련의 그들의 가정을 그리스도의 이름으로 다른 기독교인 집단에 강요할 권리가 없다"고 결론짓는다.[5] 이는 앵글로-유럽 기독교 전통에서 나온 선교에 대한 많은 가정에 도전을 제기한다. 『선교적 교회』 저자들의 말을 빌리자면, "많은 서구 선교는 교회의 선교적 사명이 예수 그리스도의 교회를 형성하는 것뿐만 아니라 서유럽 문화의 교회 이미지로 탄생하는 기독교 공동체를 형성하는 데 있다고 미묘하게 가정했다."[6]

따라서 우리는 서구 교회가 그 특정한 문화적 상황을 반영하는 방식으로 복음을 해석하고 표현하는 경향이 있다는 사실을 더 인식하게 되

---

[5] Andrew F. Walls, *The Missionary Movement in Christian History: Studies in the Transmission of Faith* (Maryknoll, NY: Orbis, 1996), 8.

[6] Darrell L. Guder, ed., *Missional Church: A Vision for the Sending of the Church in North America*, The Gospel and Our Culture Series (Grand Rapids: Eerdmans, 1998), 4.

었다. 선교에 대한 이런 접근 방식은 제도적 교회의 확장과 생존을 최우선 과제로 삼았다. 반면, 교회의 선교를 하나님의 선교에 참여하는 것으로 이해하면, 교회는 복음의 목표와 목적이 아닌, 복음의 증인이자 복음의 도구가 된다. 하나님 선교의 확장은 교회를 부르시고 보내셔서 교회가 참여하는 모든 문화와 사회에서 하나님 나라의 표지, 도구, 맛보기가 되도록 하는 데 있다. 이 활동은 깊이 그리고 근본적으로 상황적이다. 캐빈 로우의 말을 빌리면, 기독교 공동체의 삶은 "하나님의 정체성에 대한 문화적 설명"이다.[7]

복음의 무한한 번역 가능성, 근본적 상황성 및 선교적 의도에서 비롯되는 이런 문화적 설명은 또한 복음의 환원 불가능한 복수성과 선교적 다양성을 가리킨다. 기독교 신앙의 다양성은 교회와 신학에 대한 일부 접근 방식이 시사하는 것처럼 극복해야 할 문제가 아니다. 오히려 이런 다양성은 하나님의 형상, 그리스도의 몸, 성령의 거처로서 교회를 향한 하나님의 설계와 의도의 일부이다. 기독교의 다양성은 좋은 것이지, 투쟁하고, 뒤집고, 고쳐야 할 것이 아니다.

복수성, 기독교 신앙, 그리고 하나님의 말씀

어떤 사람들은 복수성에 대한 이런 긍정을 현대 문화의 분위기에 굴복한 것으로 볼 수도 있다. 하지만 이는 실제로 수 세기 동안 기독교인들

---

7 C. Kavin Rowe, *World Upside Down: Reading Acts in the Graeco-Roman Age* (New York: Oxford University Press, 2009), 8.

이 공통으로 견지해 온 성경과 신앙의 가장 핵심적인 주장에서 비롯된 것이다. 특히 중요한 것은 성경이 영감된 하나님의 말씀이며 성경에 담긴 가르침과 약속은 신뢰할 수 있다는 믿음이다(딤후 3:16~17). 하나님이 교회가 세상을 살아갈 때 인도해 주실 것이라는 믿음도 이와 연결된다. 하나님은 구하는 자에게 지혜를 주신다(약 1:5). 또한 성령님은 예수님의 제자들을 진리 가운데로 인도하신다(요 16:13~14).

그런데 성경이 하나님의 모든 백성이 모든 선한 일을 위해 철저히 준비되도록 주어진 하나님의 말씀이고, 하나님은 구하는 자에게 지혜를 아낌없이 주시고, 성령님이 교회를 모든 진리 안으로 인도하신다면, 교회의 복수성을 어떻게 이해해야 할까? 삶의 신비와 복음의 소망에 관한 인도와 이해를 구하는 다양한 시간과 공간에 속한 기독교인들이 성경 공부와 기도 모임에서 동일한 신앙의 거의 모든 측면에 대해 서로 다른 결론을 내리는 이유는 무엇일까?

이런 차이점은 기독교 신앙에 단지 부수적인 것이 아니라 핵심적인 요소이다. 하나님은 어떤 분일까? 우리는 하나님을 어떻게 알 수 있을까? 예수 그리스도는 누구시며 우리는 그의 삶과 선교를 어떻게 이해해야 할까? 복음이란 무엇인가? 하나님의 나라는 무엇인가? 구원이란 무엇인가? 성경이란 무엇이며 어떻게 해석하고 이해해야 하나? 교회란 무엇인가? 인간의 궁극적인 운명은 무엇인가? 질문의 목록은 계속 이어진다. 사실 이런 신앙의 핵심적인 문제에 대한 답에 모든 기독교인이 동의하는 것은 아니다.

기독교 복수성의 실존적 현실을 설명하기 위해 가능한 몇 가지 답을 쉽게 찾을 수 있다. 아마도 성경은 실제로 하나님의 영감을 받은 것이 아닐 수도 있다. 성경은 상호 배타적인 관점을 담고 있는 문서 모음이어서 기독교 공동체가 세상에서 공동의 증거를 하도록 안내하고 준비시키는 데 불충분할 수도 있다. 물론 많은 사람이 이런 주장을 해왔다. 아마도 하나님은 성경에서 제시하는 것보다 지혜를 분배하는데 관대하지 않으시거나, 성령님이 교회를 진리로 인도하실 것이라는 약속이 이상주의적인 희망적 사고일 수도 있다. 교회의 특정 그룹은 진리를 파악했고, 나머지는 오류를 회개하고 따를 필요가 있다는 또 다른 가능성도 있다. 수많은 기독교 신앙 공동체 중에서 자신의 특정 전통을 대표하여 그런 주장을 할 준비가 잘 되어 있고 매우 기뻐할 지지자들을 어렵지 않게 찾을 수 있을 것이다. 하지만 역사적인 기독교 전통의 관점에서 볼 때, 이런 답변은 충분하지 않다. 기독교인들은 성경이 영감되어 신앙과 실천을 인도하는 은혜의 수단으로 교회에 주어졌고, 하나님은 지혜를 주시겠다는 약속을 어기지 않으시며, 성령님이 실제로 모든 다양한 모습으로 온 교회를 예수 그리스도 안에 계시된 살아계신 하나님 진리의 충만함으로 인도하신다는 사실을 고백해 왔다.

물론, 성경, 하나님, 성령님에 대한 이런 확신은 입증할 수 있는 증거의 대상이 아닌 신앙의 문제이다. 하지만 이는 고전적 기독교 사고를 형성해 왔으며 성경과 과거와 현재의 기독교 공동체 가운데 잘 확립된 핵심적인 가정을 형성한다. 다시 말해, 우리는 성경에 대한 신뢰, 지혜를 공급하시는 하나님의 관대함, 성령님의 약속된 인도하심에 대한 확신을 버리기보다는 이런 핵심 신념을 참된 것으로 상정하는 전망을 두고 교회의 다양성을 설명해야 한다.

교회와 신학이 복수성과 다양성을 특징으로 한다는 주장을 교회에서 일어나는 모든 일이 다양성의 표현으로 적절하다는 의미로 받아들여서는 안 된다. 우리는 신앙을 증거하고, 건전한 교리를 권면하며, 거짓 가르침에 반대해야 한다. 기독교 신앙과 실천에 대한 일부 주장은 잘못되었으므로 저항하고 반박해야 한다. 거짓 가르침은 반드시 식별하고 도전해야 한다. 성경은 이에 대해 분명하다. 지도자는 이를 위해 부름을 받는다. "미쁜 말씀의 가르침을 그대로 지켜야 하리니 이는 능히 바른 교훈으로 권면하고 거슬러 말하는 자들을 책망하게 하려 함이라"(딛 1:9). 반면에, 모든 분쟁이 교회에 유익한 것은 아니다. "그러나 어리석은 변론과 족보 이야기와 분쟁과 율법에 대한 다툼은 피하라 이것은 무익한 것이요 헛된 것이니라 이단에 속한 사람을 한두 번 훈계한 후에 멀리하라 이러한 사람은 네가 아는 바와 같이 부패하여서 스스로 정죄한 자로서 죄를 짓느니라"(3:9~11).

이는 무엇이든 된다는 것이 아니라, 하나님의 선교에 부합하는 신실한 기독교인의 증거는 환원할 수 없는 다양성을 특징으로 하며 선교적 다양성을 가져온다는 주장이다. 이런 선교적 다양성은 하나님의 선교에 부합하는 신학을 하는 데서 비롯된다. 다양한 기독교 공동체가 그들이 처한 장소와 상황에 선교적으로 충실하다면, 그들의 신앙과 실천을 통하여 복음을 다양하게 증거하게 될 것이다. 이는 계시, 성경, 기독교 전통에 관한 기독교의 헌신과 전적으로 일치한다. 이런 각 요소는 하나님의 말씀이 세상에 나타나는 표현의 일부이다.

하나님의 말씀은 항상 하나님이 행하시는 행위 또는 하나님이 말씀하셨고, 말씀하시며, 말씀하실 사건이다. 우리 인간은 교회의 삶에서 성령님의 영감을 받고 성령님의 인도를 받는 수단인 성경과 선포와 실천을 통해 이런 하나님의 행위나 사건을 만나고 그에 참여한다. 이런 관점에서, 우리는 계시의 행위 자체, 성경에 포함된 선지자와 사도들의 말에 나타난 성령님의 영감을 받은 계시의 증거와 증언, 그리고 기독교 공동체의 삶에서 성령님의 인도를 받는 그 증거의 선포 세 가지 형태로 하나님의 말씀을 만난다.

여기서 우리는 세 가지 다른 하나님 말씀이 아니라, 하나의 하나님 말씀의 세 가지 다른 형태에 대해 말하고 있다는 것을 기억해야 한다. 하나님의 말씀을 전달하고 받아들이는 세 가지 움직임을 나타내는 세 개의 동심원을 상상하는 것이 도움이 될 것이다. 가장 안쪽 원은 하나님이 저술하고 말씀하신 하나님의 언어-행위(speech act)인 하나님의 말씀이다. 하지만 이 말씀은 성경(두 번째 원)과 교회의 선포(가장 바깥쪽 원)에 포함된 인간적이고 피조물적인 언어-행위를 통해 우리에게 표현되고 접근할 수 있게 된다. 이런 인간의 언어-행위는 성령님의 능력으로 예수 그리스도 안에서 하나님의 자기 계시의 전달자이자 증인이 되도록 하나님에 의해 지정되었다. 따라서 하나님의 말씀은 계시된 말씀(가운데 원), 기록된 말씀(두 번째 원), 선포된 말씀(바깥쪽 원)으로 설명할 수 있다.(그림 4.1 참조) 하나님의 말씀이 진리와 동일시된다면, 우리는 이것을 계시된 진리, 기록된 진리, 선포된 진리라고 말할 수 있다.

그림 4.1 세 가지 형태의 하나님의 말씀

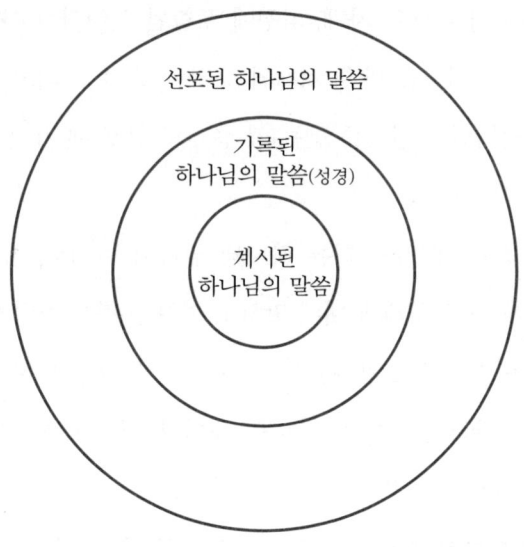

계시

   삼위일체에 대한 앞선 논의에서, 우리는 하나님의 삶이 통일성-속의-복수성(plurality-in-unity)과 복수성-속의-통일성(unity-in-plurality)을 특징으로 한다고 주장했다. 다시 말해, 다름은 사랑이시며 사랑을 주고, 받고, 나누는 적극적인 관계 속에서 사시는 하나님 삶의 일부이다. 아버지는 아들이나 성령이 아니시며, 아들은 아버지나 성령이 아니시며, 성령은 아버지나 아들이 아니시다. 이는 하나님의 삶에는 동일하지 않고 다른 구별되는 경험이 있다는 것을 의미한다.

   하나님은 삼위일체이시며 영원부터 사랑, 연합, 복수성, 선교를 특징으로 하는 사회적, 공동체적 교제 안에서 살아계신다는 고백에는 함축적인 질문이 내포되어 있다. 이 확신은 어떤 근거로 확증될 수 있을까? 이 질문에 대한 기독교인의 대답은 계시이다. 우리가 삶을 살아갈 때, 사랑과 진리이신 분이 우리의 창조주이자 통치자로서 믿음과 실천에 관한 지침과 방향을 제시해 주기 위해 우리에게 말씀하신다. 기독교 가르침의 이런 측면은 성경에서 증명된 바와 같이 하나님이 예수 그리스도 안에서 자유롭고 은혜로운 자기 계시 행위를 통해 인간에게 진리를 전달하셨다는 사실을 확증한다. 계시의 목적은 피조물을 창조주와의 관계로 이끌고, 하나님의 사랑과 교제에 참여하도록 초대하며, 하나님의 사랑과 화해의 선교에 참여하도록 초대하는 것이다.

계시의 개념을 다룰 때 기독교 전통의 중심 사상 중 하나를 기억하는 것이 중요하다. 즉, 하나님은 하나님이시지만 우리는 그렇지 않다는 것이다. 성경은 창조주와 피조물 사이에 여러 가지 차이점을 제시한다. 이사야 55장 8절은 하나님의 생각은 우리 생각과 다르며 하나님의 길은 우리의 길과 다르다고 말한다. 베드로후서 3장 8절은 하나님에게는 하루가 천 년 같고 천 년이 하루 같다고 선언한다. 기독교 전통은 이 본문과 다른 많은 본문에서 무한하신 하나님은 유한한 피조물과 근본적으로 다르다는 결론을 내렸다. 이런 무한한 질적 차이는 계시조차도 인간에게 하나님의 지식과 정확히 일치하는 지식을 제공할 수 없음을 의미한다. 이는 또한 하나님에 관한 모든 인간 지식의 수용적인 성격을 보여준다.

계시에 대한 이해를 표현할 때, 하나님과 우리 사이의 무한한 질적 차이를 염두에 두어야 한다. 그렇지 않으면, 하나님과 진리에 대한 우리의 생각과 개념이 하나님의 생각과 개념과 일치한다고 상상하는 우상숭배에 빠지게 된다. 유한한 피조물인 우리는 하나님이 알고 계신 궁극적인 실재와 진리를 파악할 수 없다. 이 때문에 유한은 무한을 이해할 수 없다(*finitum non capax infiniti*)는 신학적 격언이 생겨났다.

기독교 역사상 가장 영향력 있는 신학자 중 한 명인 존 칼빈은 이런 현실을 존중하면서도 하나님이 계시의 행위를 통해 알려지셨다는 사실을 확증하기 위해 하나님의 적응(accommodation)이라는 개념에 호소한다. 계시의 과정에서, 하나님은 인간의 제한된 능력에 "적응하시고," "내려오셔서," 성인이 유아에게 하듯이, 우리에게 "혀짤배기소리하신다." 이런 적응 행위와는 별개로, 하나님에 관한 지식은 본질적으로 우리의 유한한 특성에서 비롯된 한계로 인해 인간 피조물이 파악할 수 있는 능력을 넘어서는 것이다.[8] 우리의 인지 능력과 상상력의 이런 한계는 계시가 전달되고 받아들이는 방식에도 적용된다. 인간이 계시를 받아들이는 것은 계시 행위의 필수 요소이며, 따라서 하나님의 말씀에 대한 우리의 이야기와 진리에 대한 우리 이해의 필수적인 측면이다. 계시는 인간이 하나님의 말씀을 듣고 믿음과 순종으로 받아들일 때 완성된다. 이 인간적 차원은 말씀의 사건과 무관하게 존재할 수 없으며, 말씀의 사건을 인간의 수용을 특징짓는 공동체적, 문화적 다양성을 배제한 채 추상적으로 고려할 수도 없다.

이는 계시의 수용적 성격에 관한 우리의 이해에 중요한 시사점을 준다. 예를 들어, 언어는 특정 어휘를 발생시키는 상황과 환경에 따라 달라지며, 그 어휘가 발생하는 사회적 환경에 의해 형성된다. 각 언어는 하나님이나 절대적이라고 생각할 수 있는 궁극적 진리에 대한 설명을 제공

---

[8] John Calvin, *Institutes of the Christian Religion* 1.13.1.

하는 데 필요한 능력과 보편성이 결여된 특정한 개념 체계이다. 특정 어휘의 다양성과 유연성은 언어 자체의 관점적(perspectival) 특성을 상기시켜 준다.

기독교 공의회 전통과 451년 칼케돈 공의회의 결론은 이런 주장을 지지해 준다. 칼케돈 정의에 따르면, 예수님의 신성은 인성과의 관계 속에서도 신적 본성을 유지하고, 예수의 인성은 신성과의 관계 속에서도 인간 본성을 유지한다. 이 공식의 함의 중 하나는 예수님의 인성의 신성화를 부정하는 것이다. 계시의 매개체로 사용된 인성은 신격화되지 않았기 때문에 역사적, 문화적 조건에 따라 그 성격이 달라질 수 있다. 비유하자면, 신성화와 관련하여 예수 그리스도의 인성에 참된 것은 성경에 나오는 선지자와 사도들의 말씀에도 참된 것이라고 할 수 있다. 하나님이 성경의 영감과 증거를 위해 인간의 말과 언어라는 피조물적인 매체를 사용하셨다고 해서 그것이 신격화되는 것은 아니다. 언어는 예수님의 인성과 마찬가지로 피조물적 성격에 내재한 역사적, 사회적, 문화적 한계와 우발적 상황의 영향을 받으며, 이런 한계가 하나님의 말씀을 전달하는 매체로서의 적합성을 손상하지 않는다.

하나님이 자기 계시 행위에서 언어를 사용하심으로써 우리는 하나님에 관해 진정으로 유익한 방식으로 말할 수 있지만, 우리의 말을 통해 하나님을 증거하는 행위에서도 하나님의 고유한 신비와 타자성을 인정해야 한다. 초대 교회 신학자 이레니우스는 하나님이 빛이라고 말하는 것은 참되고 신실하지만, 하나님은 우리가 아는 어떤 빛과도 다르다는 것도 사실이라고 주장함으로써 이런 생각을 포착했다.[9] "신성한 계시를 통한 하나님의 인지적 유용성은 우리가 할 수 있는 한 참된 하나님에 대해 묘사할 수 있게 하지만, 하나님의 환원 불가능한 불가역성은 우리의 최선의 서술조차도 심히 부적절하게 만든다고 이레니우스는 믿었다."[10] 따라서 우리가 하나님을 빛으로 확언하는 것이 하나님에 대한 진정한 이해의 척도를 제공하지만, 우리와 하나님 사이의 무한한 질적 차이를 없애지는 않는다.

다시 말해, 계시의 행위에서 하나님은 인간 조건의 일부인 상황성을 돌파하지도 부정하지도 않으신다. 대신, 하나님은 인간 피조물의 유한성에 적응하는 수단으로 계시의 행위에서 그 조건의 한계 안으로 들어가 그 한계에 참여하기로 선택하셨다. 하나님이 말씀하신다는 확신에 따라, 우리는 인간 지식의 해석적 특성을 인정하면서도 궁극적 또는 초월적 진리의 실재를 긍정할 수 있다. 동시에, 우리가 실재를 완전하고 완벽하게 알 수 없더라도 하나님 계시의 은총으로 실재에 대해 무언가를 알 수 있다. 이런 이해는 살아계신 하나님을 묘사하기 위해 성경에서 발견되는 다양한 은유를 설명하는 데 도움이 된다.

하나님에 관한 유비적 언급의 수단으로서 인간의 언어에 대한 이런 개념에서, 우리는 하나님의 자기 계시 행위와 그 계시에 대한 유한한 인간의 증거를 구별해야 한다. 둘 다 하나님의 말씀 사건의 일부이지만, 계시에 대한 인간의 증거는 항상 그 피조물적 성격의 한계에 종속된다. 이

---

9 Irenaeus, *Against Heresies* 2,13,4

10 George Hunsinger, "Postliberal Theology," in *The Cambridge Companion to Postmodern Theology*, ed. Kevin J. Vanhoozer (Cambridge: Cambridge University Press, 2003), 47.

는 성령님의 영감을 받은 성경 본문에서도 마찬가지이다. 우리는 다음과 같은 방식으로 이를 구별할 수 있다. 하나님이 경험하고 알고 계신 진리는 대문자 T(또는 궁극적) 진리이다. 성경이라는 인간의 언어 행위 속에 담긴 하나님의 계시에 의해 가능해진 진리에 관한 영감받은 증거는 위치적이고 단편적이므로 소문자 t 진리이다. 하나님의 영감에 의해 그들은 하나님과 적절한 관계를 맺지만, 영감이 유한한 피조물적 매체로서 그들의 한계를 초월하게 할 수는 없다. 따라서 이 비유에서 그들은 항상 소문자 t 진리로 남아 있고, 앞으로도 그럴 것이다. 하나님만이 궁극적 진리에 관한 지식을 가지고 계시기 때문이다.

이 틀에서, 우리는 인간의 모든 지식, 경험, 의사소통이 특정한 상황 속에 놓여 있으며, 이런 상황은 인간의 경험과 지식의 성격과 내용에 중대한 영향을 미친다는 것을 인정한다. 오직 살아계신 하나님만이 유한성의 특징인 시간과 장소의 한계를 초월하신다.[11] 이런 관점에서 우리는 성경으로 관심을 돌린다.

성경

하나님의 적응이라는 개념은 증거의 공동체를 형성하는 목적을 달성하는 데 있어, 성경이 하나님의 선교를 향한 우리의 여정을 효과적으로 안내하는 지도와 같은 기능을 한다는 의미이다. 그것이 사진처럼 정밀하

---

[11] 자세한 내용은 다음을 참조하라. Merold Westphal, *Overcoming Onto-theology: Toward a Postmodern Christian Faith* (New York: Fordham University Press, 2001), 75-88.

거나 축척에 맞게 정확하게 그려질 필요는 없다. 실용적으로 우리에게 올바른 방향을 가리키면 충분하다. 기록된 하나님의 말씀인 성경에 하나님의 적응을 적용하는 것은 성경의 상황적 특성을 가리키며 성경이 진리인 방식에서 중요한 요소를 제시한다. 성경은 선지자들과 사도들의 말이라는 피조물적 매체를 통해 하나님의 자기 계시에 대한 성령의 영감을 받은 증언과 증거로 기능한다. 이 말들은 사회적으로 구성된 언어적 상황에 내재해 있다.

계시의 사건에 대한 영감된 증거로서 성경의 상황적 성격이 수반하는 것 중 하나는 성경의 다양성이다. 성경 정경은 그 자체로 다양한 증거의 모음, 달리 말하면, 하나님 진리의 계시에 대한 다양한 증거이다. 사실, 성경은 하나의 책이 아니라 다양한 배경과 관점에서 쓰인 공인된 텍스트의 모음이다. 정경에 등장하는 각 목소리는 특정 시기와 장소에서 나온 뚜렷한 관점을 유지한다. 다시 말해, 성경은 다양한 목소리로 구성된 다성 음악이다.

하나님의 자기 계시적 말씀-행위는 오랜 기간에 걸쳐 다양한 공동체와 다양한 문화적 환경에서 수용된다. 인간의 수용과 반응은 계시가 발생하는 공동체적, 문화적 환경에 의해 형성된다. 계시의 다양성은 다양한 문화적 환경에서 수용되며, 이런 다양한 상황에서 교회가 하나님 나라의 표지, 도구, 맛보기의 대표자로 세상으로 보내짐에 따라 역사 가운데 다른 사람들에게 표현되고 선포된다. 성경은 이런 복수성과 다양성을 패러다임적으로 반영한다. 성경은 기독교 공동체의 형성과 선포를 위한 구성적이고 규범적인 증거이다. 동시에, 이 책은 역사적으로 계속 확장되고 있는 기독교 신앙에 대한 설명 시리즈 중 첫 번째 책이기도 하다.

이 다면적이고 다양한 저술 모음집에서, 각 저술은 전체에 기여하는 뚜렷한 관점을 제공하므로 포함된 작품 중 어느 것도 다른 작품과의 관계를 떠나서는 제대로 이해될 수 없다. 성경에는 내러티브, 율법, 예언, 지혜, 비유, 서신 등 다양한 문학적 형식이 포함되어 있다. 그리고 이런 각각의 형식 안에서 우리는 수많은 정경적 관점의 표현을 발견할 수 있다.

성경에는 다양한 문학 형식 외에도, 다양한 율법 규례, 연대기, 윤리적 및 신학적 주장, 그리고 네 가지 복음서 기록이 포함되어 있다. 네 개의 서로 다른 복음서의 존재는 성경 정경에서 다양성을 가장 직접적으로 의미 있게 보여준다. 마태복음, 마가복음, 누가복음, 요한복음은 각각 예수님의 생애와 사역에 대한 독특한 관점을 표현하고 있으며, 정경에 포함된 이 네 복음서를 통해 우리는 복음의 다형적 특성을 알 수 있다. 이는 예수 그리스도의 복음에 대한 기독교 공동체의 증언이 결코 하나의 보편적인 기록에 담길 수 없음을 강력하게 상기시켜 준다. 복음의 증거는 성경 정경의 전통에 따라 항상 관점적이고 다양한 형태를 특징으로 한다. 이런 전통에 비추어 초대 교회는 복음서를 하나의 단일 기록으로 조화시키려는 시도에 저항했다. 마태복음, 마가복음, 누가복음, 요한복음의 네 가지 증언은 예수 그리스도의 복음을 하나의 기록으로 환원할 수 없음을 보여준다. 복음을 체계화하여 관리하기 쉽고 공식적인 형태로 축소하려는 시도는 정경의 증언 앞에서 실패할 수밖에 없다. 복음서의 참된 조화는 달성할 수도 없고 바람직하지도 않다.

수많은 서로 다른 문화가 모여 하나의 새로운 보편적 문화를 형성하는 문화적 용광로라는 문제가 있는 개념처럼, 이런 접근에서는 가치 있는 무언가가 항상 배제된다. 성경의 여러 관점이 지닌 어려움을 완화하여 문제를 더 간결하고 명확하며 관리하기 쉽게 만들려고 할 때, 우리는 성경의 구조와 더 나아가 하나님의 신성한 설계에 짜여 있는 복수성과 다양성을 잃게 된다. 이는 기독교 신앙에 대한 단 하나의 설명이 결코 모든 사람에게 충분할 수 없음을 상기시켜 준다. 성경 증거의 다양성과 복수성은 이런 개념에 대치된다.

진정한 "우주적" 또는 "보편적" 신앙은 복수적이다. "그것은 '전체에 따라'라는 뜻인데, 이는 하나의 체계적이고 완전히 일관된 단위로 전체를 포괄한다는 의미가 아니라, 오히려 복음에 대한 네 가지 정경적 증언에 함축된 복수의 관점과 경험에 대한 증거를 위한 개방성을 허용한다는 의미에서 그렇다."[12] 복음에 대한 정경적 증언의 다양성은 성령님의 인도 아래 공동체로부터 출현하고 미래를 위한 공동체의 모습을 구상한다. 따라서 이는 공동체의 형성에 부수적인 것이 아니다. 포괄적이고, 보편주의적 설명으로 정경적 증거의 다양성을 억압하려는 시도는 복음과 복음을 증거하도록 부름을 받은 공동체에 대한 심각한 왜곡을 초래한다. 성경의 증거에 내재한 다양한 형태와 관점은 단일한 목소리나 해석적 접근으로는 이런 다양성을 제대로 다룰 수 없음을 시사한다.

이런 다양한 형태를 하나님의 말씀과 관련시킬 때, 통일성-속의-복수성, 복수성-속의-통일성을 상상하는 것이 중요하다. 다시 말하지만, 이런 복수성이 "무엇이든 상관없다"는 식의 상대주의로 이어지는 것으로 해석되어서는 안 된다. 서두에서 언급했듯이, 하나님이 말씀하신다는 기독교의 확신은 이런 접근 방식을 배제하며, 성경에서 다양성과 복수성

---

[12] Justo L. González, *Out of Every Tribe and Nation: Christian Theology at the Ethnic Roundtable* (Nashville: Abingdon, 1992), 22.

을 인정하는 것이 상대주의 관점을 지지하기 위한 시도로 사용되어서는 안 된다. 또한 삼위일체 하나님의 계시적 말씀-행위에 대한 증거로서 성경의 복수성이 정경의 통일성을 부정하는 데 사용되어서도 안 된다. 성경이 하나님의 자기 계시를 증거하고 교회를 진리로 인도하기 위한 목적으로 성령님의 영감을 받아 기록되었다는 확신에 따라, 기독교인들은 성경이 복수성뿐만 아니라 통일성을 구성한다고 확언한다. 하지만 이 통일성은 복수성으로 표현된 차별화된 통일성이다.

이처럼 성경은 주해, 신학 및 성경을 해석하는 사람들을 형성한 특정한 사회적, 역사적 상황으로부터 파생된 다양한 의미와 해석을 낳았다. 성경을 복수성-속의-통일성, 통일성-속의-복수성으로 읽으려 할 때, 정경 텍스트 자체의 특성에서 기인하는 다양한 모델과 해석을 기대해야 한다. 성경 자체가 정경의 형태와 내용에 따라 적절히 제한되는 일련의 가능성 내에서 다양한 관점을 인정한다. 여기서 요점은 무엇이든 가능하다는 것이 아니라 성경 정경의 틀 안에서 우리는 복수성을 기대해야 한다는 것이다.

하나님의 말씀이자 계시에 대한 규범적 증거인 성경은 계시의 사건에 대한 하나님의 언어 행위를 진정으로 증거하는 영감받은 인간의 언어 행위로 구성되며, 그 자체로 복수성의 특징을 가지고 있다. 하나님의 말씀이자 계시의 사건에 대한 인간과 피조물의 패러다임적 증거인 성경은 기록된 진리이며, 성경의 각 페이지에 포함된 것보다 더 큰 복수성으로 초대한다. 이는 성령의 인도하심 가운데 복음에 대한 교회의 증거가 하나님의 선교에 따라 모든 민족에게 지속해 확장될 수 있도록 하기 위함이다.

전통

　이런 선교적 다양성은 전 세계에서 기독교 신앙의 수많은 표현을 낳았으며, 하나님 말씀의 확장과 확산의 결과이다. 기독교 전통과 하나님 말씀의 연결은 교회를 진리 가운데로 인도하시는 성령님의 사역과 그 사역의 본질적인 부분인 다양성을 이해하는 데 중요한 요소이다. 전통은 어떤 우연적인 역사적 출발점(대부분 텍스트 또는 관련 텍스트의 집합)에서 시작되며, 이 출발점에서 형성된 텍스트를 가장 잘 해석하고 적용하는 방법에 대한 역사적으로 확장되고 사회적으로 구체화한 주장으로 발전한다. 기독교 전통은 기독교 공동체가 본문을 통해 말씀하시는 성령님의 음성에 귀를 기울이면서 성경을 해석하고 적용한 역사라고 생각할 수 있다. 기독교 전통은 공동체, 텍스트, 문화 간의 상호 작용에서 비롯된 기독교 신앙의 일차적 언어, 상징, 관습을 그 공동체가 처한 다양한 사회적, 문화적 상황에 맞게 충실하게 설명하고 번역하려는 교회의 역사적 시도로 구성된다.

　이런 이해에서 전통은 정적인 것이 아니라 발전과 성장이 일어나는 살아 있는 역동적인 개념으로 간주한다. 따라서 전통은 성령님의 인도하심에 따라 신앙 공동체가 성경과 변화하는 상황과 환경의 특별한 도전 사이의 상호 작용에서 씨름하는 가운데 지속성과 변화 모두를 특징으로 한다. 이전 장에서 설명한 유기적 과정을 요약하면, 선교적 행동은 교회와 교회가 위치한 더 넓은 공동체 사이의 관계에서 발생하는 만남과 경험에서 비롯되며, 이런 만남과 경험은 복음에 대한 고백적이고 실제적인 설명으로 형성된다. 궁극적으로, 이것이 교회의 전통을 확립하고 확장한다.

기독교 교회의 전통이 성경 메시지에 대한 기독교 공동체의 지속적인 성찰의 산물이라면, 그것은 여러 측면에서 성경 권위의 확장이다. 하나님의 구속 활동에 대한 증거와 초기 기독교 공동체의 기본 가르침 및 관행은 성도들에게 단번에 전달된 신앙을 구성한다(유 3장). 공동체의 가르침을 대대로 전승한다는 의미는 전통의 작용에 대한 가장 기본적인 표현이다. "성도들에게 한때 전달된 믿음"을 전수하려는 이런 노력은 기독교 전통의 중요한 구성 요소이지만, 오해될 수 있으며 결과적으로 복잡한 현상을 지나치게 단순화하는 근거로 사용될 수도 있다.

전통이 고대 교회가 오랜 시간 동안 표현한 변하지 않는 기독교 교리로 구성된다는 가정은 전통의 역동적인 특성을 제대로 이해하지 못한다. 전통은 그 본질상 신앙 공동체의 삶 속에서 역동적이다. 기독교 공동체는 모든 사람이 하나님의 사랑을 알고 경험할 수 있도록 온 세상에 복음의 메시지를 선포하는 일에 항상 관심을 기울여 왔다. 이런 관심에 따라, 교회는 전 세계에 신자 공동체를 설립했다. 그 결과, 기독교 교회는 다양한 사회적, 역사적, 문화적 상황에 위치하게 되었으며, 이에 따라 수많은 도전에 직면해 왔다. 이런 도전으로 인해 교회는 복음을 선포하고 그리스도의 제자 공동체를 세우는 선교를 가장 잘 수행할 수 있는 방식으로 문제를 해결하는 데 있어 지혜와 창의적인 판단력을 발휘해야 했다.

이런 활동의 성경적인 예는 사도행전 15장에 나오는 예루살렘 공의회 이야기이다. 여기서 예루살렘의 기독교 공동체는 이방인의 개종과 이방인들이 자신들의 사회적 차별성을 유지하고자 하는 유대 민족과 새 언약 공동체에서 공존함으로 인해 제기된 문화적 문제를 다룬다. 이 회의의 결론은 하나님이 아브라함과 맺으신 언약을 지키는 핵심 관습인

할례가 이방인 개종자에게는 필요하지 않다는 것이다. 예루살렘 기독교인들은 이방인들이 하나님이 아브라함과 맺으신 언약에 충실히 참여하기 위해서 성경의 명백한 요구 사항인 할례를 받을 필요가 없다는 결론을 내린다. 이는 기독교 전통을 선교적 관점에서 재해석할 때 발생하는 상황적 혁신의 한 예이다. 그것은 성령님의 인도하심 아래 공동체의 역동적인 움직임에서 나오는 지속적인 인도와 지혜의 축적물로 구성된다.

기독교 공동체의 다문화적 특성은 우리에게 전통에 대한 추가적인 통찰을 일깨워 준다. 앞서 살펴본 바와 같이, 신앙의 모든 표현은 상황에 따라 달라진다. 여기에는 교회의 신앙고백, 신조, 신학적 구성뿐만 아니라 성경 문서 자체의 내용도 포함된다. 기독교 신앙의 모든 텍스트는 그것들이 생산된 시대의 사회적, 문화적, 언어적, 철학적 틀 안에서 공식화되었다. 이런 관찰은 성경의 성육신적 성격을 우리에게 알려준다. 성경과 그 메시지를 새롭고 다양하며 변화하는 환경에 맞게 상황화하는 과제는 신학의 원천으로서 교회의 전통에 대한 다각적인 이해를 요구한다.

일련의 지역 신학인 기독교 전통은 신학적 문제나 관심사에 대한 최종적인 결정권자가 아니라, 신학을 위한 자원으로 사용된다. 그것은 신학적 과제에 대한 해석학적 상황이나 궤적을 제공한다. 기독교 신학의 역사, 과거의 신학적 공식화, 기독교 예배의 역사, 기독교 공동체의 관행은 모두 교회가 현대적 환경에서 신앙을 선포하는 과제를 수행하는 데 도움이 된다.

교회의 다양하고 다형적인 역사에 비추어 볼 때, 우리는 이런 해석학적 궤적의 기본 형태가 다양성이라는 결론을 내릴 수밖에 없다. 예를 들어, 로마 가톨릭, 동방 정교회, 개신교의 차이점과 각 교회 전통의 다양성에 호소할 수 있다. 하지만 이것은 역사와 현재를 통틀어 다양한 기독교 공동체 사이의 차이점의 표면에 불과하다. 미국 교단 핸드북만 훑어봐도 이 점을 알 수 있다.[13] 또한 이것은 전 세계 기독교의 방대한 다양성을 설명하지 못한다. 20,000개가 넘는 기독교 공동체 또는 운동은 로마가톨릭, 동방 정교회 또는 개신교로 분류되지 않는다.[14] 이 광대한 다형적 다양성은 성령님이 의도하신 신실한 기독교 표현의 형태를 구성한다. 이는 교회의 위대한 전통이 모든 곳에서, 언제나, 모든 사람이 믿는 것으로 식별될 수 있다는 개념에 도전을 던진다.

여러 시대에 걸쳐, 매우 다양한 사회적, 문화적 위치에서 기독교인들은 그리스도 안에서 계시된 하나님에 대한 신앙을 고백하고 하나님의 선교에 참여하는 헌신을 선언하기 위해 다양한 긍정과 부정을 제시해 왔다. 그렇게 함으로써 그들은 역사상 기독교 신앙을 고백한 모든 이들과 함께한다. 기독교인은 예수 그리스도와 하나님의 영을 통해 이 지속적인 역사적 공동체에 참여하기 때문에, 신학 및 신앙고백 전통의 역사는 우리 자신의 신앙고백을 드릴 때 지속적인 대화 파트너가 되어야 한다. 이런 방식으로 우리는 다양성 속에서도 과거의 교회와 일정한 신학적, 신앙고백적 일치를 유지하려고 노력한다.

하지만 동시에 우리는 역사적 신앙고백이 특정한 시대와 장소에서 표현되었다는 사실을 기억해야 한다. 기독교인들이 새롭고 변화하는 상

---

13 Roger E. Olson, Frank S. Mead, Samuel S. Hill, and Craig D. Atwood, eds., *Handbook of Denominations in the United States*, 14th ed. (Nashville: Abingdon, 2018).

14 David B. Barrett, George T. Kurian, and Todd M. Johnson, eds., *World Christian Encyclopedia: A Comparative Survey of Churches and Religions in the Modern World*, 2 vols., 2nd ed. (New York: Oxford University Press, 2001), 1:16-18.

황에서 과거의 고백을 단순히 앵무새처럼 되풀이하지 않으려면, 기독교 신앙을 고백하는 새로운 방식이 필요하다. 어떤 고백도 영단번(once-for-all)의 기능을 할 수 없다. 이는 교회의 삶에서 성령님의 지속적인 역사에 비추어 볼 때 특히 그렇다. 성령님은 신앙 공동체를 하나님의 진리, 목적, 의도 안으로 인도하고 계신다. 이런 목적과 의도는 교회의 삶과 증거를 통해 현재에 기대되는 신성한 목표이지만 종말론적으로 모든 것이 완성될 때만 온전히 실현될 것이다. 따라서 교회를 형성하고 선교적 소명에 따라 다양성을 구성하는 수많은 공동체로 이루어진 교회의 전통은 항상 상황적이고, 해석적이며, 잠정적인 성격으로 이해되어야 한다.

성령님의 역사에서, 성경은 기독교 신앙과 삶의 표준이며, 신앙과 관습으로 표현된 기독교 공동체의 전통은 선포를 위한 중요한 상황과 궤적을 제공한다. 이런 선포는 현재 상황에 응답하는 동시에 교회의 역사적, 세계적 표현에서 교회의 삶과 증거와 연속성을 유지한다. 이런 복수적 전통은 성령님의 인도하심을 받은 과거의 사건들을 현재의 사역을 위해 고려하는 교회의 지속적인 선포의 중요한 요소이다.

신학적 성찰은 그리스도 안에서 하나님의 계시에 대한 교회의 지속적인 증거의 일부로서 끊임없이 갱신되어야 한다. 하지만 이 지속적인 갱신 작업에서, 성경에서 말씀하시는 하나님의 음성을 들으려는 과거 시도의 증거인 교회의 신학적 전통에 주의를 기울여야 한다. 칼 바르트에게 교회를 위한 신학이라는 개념은 다음과 같은 것을 의미한다.

고전적이든 덜 고전적이든 과거 시대의 신학도 중요한 역할을 하며 경청을 요구한다. 그것이 교회의 상황에서 우리와 함께 자리를 차지하고 있는 만큼 경청을 요구한다. 교회는 진공 상태에 있지 않다. 아무리 필요하더라도, 처음부터 자기 혼자만의 힘으로 시작하면 안 된다. 우리는 그리스도 안에서 함께 모인 죄인들을 위해 그리고 그들 사이에서, 서로 짊어지고, 구하고 구함을 받고, 상호 책임을 져야 하는 성도들의 공동체를 기억해야 한다. 신학에 관해서도, 우리는 현재의 신학만큼이나 과거의 신학에 대한 책임을 지지 않고는 교회에 있을 수 없다.[15]

과거의 신학에 대해 책임진다는 것은 기독교 전통의 복수성에 대한 책임을 지고 그것을 포용하는 것을 의미한다. 또한 세계와 역사 공동체의 삶에 적합한 다양성을 형성하는 데 방해가 되는 헤게모니와 제도적인 구조 탓에 실패한 방식에 대해 문제를 제기하는 것도 포함된다.

교회의 지속적인 공동체적 고백과 선포는 다양한 사회적, 역사적 구현 속에서 예수 그리스도 복음의 진리에 대한 다양하고 폭넓은 증거를 구성한다. 라민 사네는 이렇게 결론을 내린다. "기독교는 본질적으로 문화적 획일성을 지닌 종교가 아니며, 그 역사적 확장 과정에서 세계 민족의 엄청난 다양성과 역동성을 반영함으로써 이를 경험적으로 증명해 왔다는 것은 이런 신학적 통찰에서 비롯된 것이다. 기독교의 복수성은 유감스러운 교리적 분열과 교회 분열의 문제가 아니라, 오히려 각 교회 전통 내의 다양성과 차이의 문제이다."[16]

복음이 세상의 문화와 지속해 관여하는 것은, 이전 장에서 확인했듯

---

15 Karl Barth, *Protestant Theology in the Nineteenth Century*, new ed. (Grand Rapids: Eerdmans, 2002), 3.

16 Lamin Sanneh, *Whose Religion Is Christianity? The Gospel beyond the West* (Grand Rapids: Eerdmans, 2003), 130.

이, 신학의 작업이 절대 완성되지 않는다는 것을 의미한다. 그것은 예수 그리스도의 복음으로 선포된 하나님 사랑의 기쁜 소식을 땅끝까지 전하고 세상의 유익을 위해 모든 민족과 상황 속에서 구현해야 하는 기독교 공동체의 선교적 본질을 반영하는 지속적이고 환원 불가능한 복수성을 가져온다. 이는 역사적인 기독교 신앙의 특성이자 본질인 선교적 다양성을 만들어 왔고, 앞으로도 계속 만들어 나갈 것이다.

진리와 관련하여, 하나님 말씀의 세 가지 형태인 계시, 성경, 전통에서 나타나는 선교적 다양성은 그림 4.2에 설명되어 있다. 중앙에 있는 진리는 하나님이 알고 계신 진리, 즉 삼위일체적 통일성-속의-다양성과 다양성-속의-통일성을 특징으로 하는 궁극적 진리를 나타낸다. 이 진리는 인간의 유한성에 적응하신 하나님의 계시 행위를 통해 세상에 알려진다. 첫 번째 작은 t의 띠는 성경 본문에 포함된 하나님의 계시에 대한 영감된 증거를 나타낸다. 이들은 지속해서 계시에 대한 진실하고 충실한 증거이지만, 상황적이고 단편적이다. 두 번째 t의 띠는 예수님에 의해 세상에 보내심을 받아 복음 사역을 위임받은 교회의 끊임없이 확장되는 증거(하나님의 계시와 성경의 증거에 근거한)를 나타낸다. 교회의 전통에 보존된 이 증거와 선포의 사역 또한 하나님 말씀의 한 형태이다.

그림 4.2 다양성과 진리

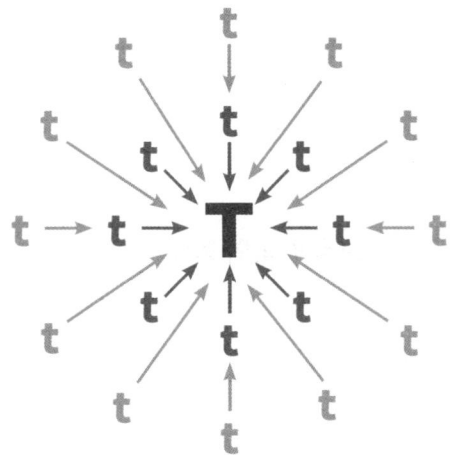

안쪽 띠는 성경을, 바깥쪽 띠는 교회의 증거를 나타낸다.

네 가지 결론. 첫째, 각 *t*의 띠에서 나오는 화살표는 계시를 통해 알려진 궁극적인 진리를 신실하게 증거해야 하는 성경과 교회의 공동 소명을 나타낸다. 둘째, 성경을 나타내는 *t*의 띠는 중앙에 더 가깝게 배치하여 성경이 교회의 증거보다 우위에 있음을 나타낸다. 성경은 끊임없이 확장되는 진리에 대한 일련의 증거 중 첫 번째로서 교회의 전통과 관련하여 고유한 권위를 유지한다(교회의 전통 자체가 신학의 권위 있는 원천이라는 점을 부인하지 않으면서). 셋째, 교회가 모든 장소와 상황에서 복음의 진리를 증거하는 임무에 계속 충실함에 따라 *t*의 외연은 항상 확장된다. 넷째, 여기서 설명하는 진리의 복수성은 교회의 증거에 거짓이나 오류가 없다는 것을 의미하지 않는다. 그것은 단순히 하나님의 경륜 안에서 교회가 복음의 진리를 증거하는 임무를 맡았으며, 성령님의 능력을 통해 종종 많은 실패와 결점에도 불구하고 그 임무를 충실히 수행해 왔다는 것을 의미한다. 이런 실패가 교회의 선교적 증거를 통해 하나님이 의도하신 복수성과 다양성을 훼손하지는 않는다.

선교적 신학의 형태: 대화적

선교적 신학의 형태를 상상할 때, 우리는 다양한 관점, 특히 과소 대표된 관점을 포함하려는 의도를 가진 신앙에 대한 대화적 접근 방식에서 배울 수 있다. 이런 실천은 하나님의 말씀 사건, 계시와 성경과 전통의 복수성, 모든 신학적 결론의 잠정적 성격, 정의와 평등에 대한 관심을 충실히 증거한다. 이런 의도적인 접근 방식의 예는 『모든 종족과 민족에서: 민족 원탁회의에서의 기독교 신학』에서 찾을 수 있다. 후스토 곤잘레스는 전통 신학의 다양한 주제를 각자의 관점에서 검토하고 "예수 그리스도의 복음을 더 잘, 더 깊이 이해하기 위해 서로 그리고 전통 신학과 대화를 나누기 위해" 모인 소수 민족 신학자 간의 대화를 묘사한다.[17]

곤잘레스는 이 모임을 참가자들이 다양성 속에서 신학적 발견의 경험을 만들어 내는 활기차고 흥미로운 신학적 토론을 나눈 발견의 축제였다고 묘사한다. 또한 참가자들은 그들의 삶에 생기를 불어넣은 믿음과 서로의 희망과 아픔을 나누고 이해하게 되면서 서로를 발견하는 기쁨을 경험했다. 출판된 책에 실린 모임에서 나눈 대화의 요약은 참가자들의

---

17 González, *Every Tribe and Nation*, 15.

발견을 축하하고 공유할 수 있도록 독자들을 초대하기 위한 것이다. 그것은 인종주의, 계급주의, 성차별주의로 분열된 문화 속에서 복음을 증거하기 위한 필수적인 발견이다. 비극적이게도, 이런 힘이 또한 교회를 형성해 왔다. 선교적 신학은 이런 분열을 다루고 이를 뒤집어 모든 사람이 충분하고 누구도 두려워할 필요가 없는 공동체를 세우는 것을 목표로 한다.

하지만 곤잘레스가 말하듯이, 세상과 교회에는 "그런 발견에 반대하는 강력한 세력이 존재하기 때문에 이 일은 쉽지 않다. 타성, 교구주의, 인종차별주의 힘은 우리 사회에서 사람들에게 '같은 종류의 사람들' 사이에 머물도록 강요한다. 그리고 진정한 발견은 우리가 서로를 더 공정하게 대하도록 만들 것이기 때문에, 자기 이익이라는 힘도 존재한다." 그런데도 선교의 하나님이 교회를 부르신 이유는 하나님의 성품과 예수 그리스도의 복음을 증거하는 증인으로서 세상에 하나님의 형상을 나타내기 위해서이다. 이 소명의 어려움은 "우리 안에 내재한 문화적 인종차별주의의 결에 반하고, 우리 자신의 많은 이기심에 반하며, 현재의 정치적 추세에 반한다는 점이다. 하지만 하나님은 결코 교회를 쉬운 일로 부르신 적이 없다 … 세상이 불가능하다고 여기는 일들이야말로 가장 적절하게 교회에 속하는 일이다. 그렇다면, 이 땅의 사람들 사이에서 새로운 상호 발견을 촉진하는 일은 분명 교회의 임무이다."[18]

세상의 삶에 만연된 인종주의와 부족주의에 대한 증언과 대안을 제공하기 위해 타자의 증언은 대화적 신학으로서 교회에서 발견되고 우선

---

[18] González, *Every Tribe and Nation*, 15.

순위가 부여되어야 한다. 이 비전이 완전히 실현되려면, 교회에서 타자를 소외시키는 데 기여해 온 헤게모니적 형태의 신학을 대표하는 사람들, 그리고 수많은 전통적 기독교 지도자를 양성하는 학교와 신학교의 사람들이 서구 교회의 지배적인 신학적 전통과 지적 가정을 비판적으로 검토하고 다른 목소리와 전통과의 관계에서 의도적으로 탈중심화되어야 한다는 특별한 도전을 받아들이고 포용해야 한다. 이는 서구 교회의 전통과 가정이 사라진다는 의미가 아니라, 선교적 신학의 발전과 구성에서 더 이상 규범적인 위치를 차지하지 않는다는 것이다. 그들은 상황적 신학의 특별한 표현들로 자리를 잡는다. 이 점에서 특별한 도전은 백인성과 백인우월주의의 가정이다.[19] 제임스 콘의 말을 빌리자면, 이는 백인들이 스스로를 "보편적인 사람"으로 생각하도록 훈련되어 왔고, 결과적으로 "자기들 경험의 편협함과 신학적 표현의 특수성을 인식하지 못하기" 때문이다.[20] 이런 식으로 그들은 "다른 사람들도 하나님에 대해 생각해 왔고 세상에 계신 예수님의 현존에 대해 중요한 말을 할 수 있다는 것을 인식하지 못한다."[21]

문화적으로 헤게모니적이고 지배적인 신학적 담론의 전통은 다른 모든 참가자와 함께 민족 원탁회의에 자리를 잡아야 한다. 이런 전통들은 자신들이 신학적, 지적으로 우월하다는 가정을 기꺼이 포기하고, 말하기

---

[19] 특히 다음을 참조하라. Willie James Jennings, "Can White People Be Saved? Reflections on the Relationship of Missions and Whiteness," in *Can "White" People Be Saved? Triangulating Race, Theology, and Mission*, ed. Love L. Sechrest, Johnny Ramírez-Johnson, and Amos Yong, Missiological Engagements (Downers Grove, IL: IVP Academic, 2018), 27-43.

[20] James H. Cone, *God of the Oppressed*, rev. ed. (Maryknoll, NY: Orbis, 1997), 13-14.

[21] James H. Cone, *God of the Oppressed*, rev. ed. (Maryknoll, NY: Orbis, 1997), 13-14.

보다는 경청할 준비가 되어 있어야 하며, 가르치는 자의 자세가 아니라 배우는 자의 자세를 취해야 한다. 그렇게 함으로써, 이런 전통에 속한 그리스도인들은 타자의 증언을 받아들일 수 있는 위치에 서게 될 것이며, 많은 목소리에 귀를 막고 하나님의 역사에 눈을 멀게 한 문화제국주의로부터 해방될 수 있을 것이다.

신학적 성찰의 지배적 흐름을 대표하는 사람들은 자신의 전통과 지배적 흐름 외부의 전통 사이에 존재하는 힘의 차이 때문에 이런 탈중심화를 특히 어렵게 느낀다. 성령님의 인도하심에 따라 하나님이 의도하신 복수성이 교회 안에서 번성하도록 촉진하려면, 권력을 가진 사람들은 그 권력을 교회의 삶에서 타자의 증언을 허용하기 위해 기꺼이 사용해야 하며, 복음을 위해 기꺼이 권력을 포기할 수 있어야 한다. 이런 탈권위화는 서구의 지배적인 신학 전통에 의해 형성되고 특권을 누려온 사람들에게는 어렵고 고통스러운 일이지만, 교회가 예수 그리스도의 복음을 증거하기 위해서는 이런 과정이 꼭 필요하다. 따라서 복음과 그 복음을 생생하게 증거하도록 부름을 받은 공동체를 위해 우리는 "근본 하나님의 본체시나 하나님과 동등됨을 취할 것으로 여기지 아니하시고 오히려 자기를 비워 종의 형체를 가지사 사람들과 같이 되신"(빌 2:6-7) 교회의 주님의 본을 따라 겸손하게 다른 사람의 이익과 관심사를 나의 것보다 먼저 고려해야 한다.

이것이 복음을 증거하는 데 가장 중요한 문제인 것은 교회의 다양성이 단순한 사실이 아니라, 하나님의 의도 자체라는 사실에서 비롯된다. 복수적인 교회와 복수적인 신학만이 하나님이 의도하신 하나님의 나라를 적절하게 증거할 수 있다. 이런 점에서 곤잘레스는 "복수적인 교회와 복수적인 신학의 반대는 단순히 배타적인 교회와 경직된 신학이 아니라, 이단적인 교회와 이단적인 신학이다!"라는 결론을 내린다.[22]

하나님의 말씀에 내재한 복수성의 함의 중 하나는 이것이 "조직적"이라는 전통적인 신학의 개념에 대한 도전을 수반한다는 것이다. 이 명명법은 신학을 계시의 행위로 전달되고 신학 체계로 성문화될 수 있는 비교적 안정적인 진리 체계로 생각할 수 있음을 시사한다. 이는 성경의 증거가 성경이 포함하고 증거하는 것으로 추정되는 신학 체계의 형태로 요약될 수 있음을 의미한다. 의심할 여지 없이, 성경은 이런 방식으로 읽혀 왔으며, 그 결과 수많은 신학 체계가 성경에서 분별되어 성경에서 가르치는 하나의 참된 교리 체계로 선포되었다. 그런 다음 이런 각 체계는 성경을 읽기 위한 해석 지침으로 기능한다.

선교적 신학은 조직신학의 가정에 대한 대안을 제시한다. 선교적 신학은 정경의 다양한 장르와 가닥을 획일적인 가르침의 체계로 정리할 수 있다는 가정하에 이루어지지 않으며, 따라서 하나님 말씀의 사건에서 드러난 성경의 복수성과 그 다양성에 대한 증거를 억압하지 않는다. 선교적 신학은 성경의 다양성뿐 아니라 정경적 다양성의 표현으로서 역사 전반에 걸친 교회의 다양성, 기독교 공동체가 표현되는 다양한 사회적, 역사적 상황의 복수성도 고려한다.

신학에 대한 조직적 접근의 위험성 중 하나는 교회의 다른 표현들이 저마다 하나의 참된 교리 체계에 도달했다고 결론을 내리기 때문에 기독교 공동체에서 종파주의로 빠르게 이어진다는 것이다. 필연적으로 그

---

[22] González, *Every Tribe and Nation*, 25-26.

들은 다른 결론에 도달한 다른 전통과 충돌할 수밖에 없다. 그 결과로 인한 교회의 파편화와 분열은 교회의 연합을 촉진하는 성령님의 역사에 명백한 대조를 이룬다. 하지만 특히 중세 교회의 스콜라주의의 발전과 개신교 전통에서 이런 신학 접근이 계속된 이래로 서구 신학 전통의 많은 부분을 특징짓는 조직화를 어떻게 설명해야 할까? 다시 말해, 복음의 진리를 증거하는 수단으로서 하나님에 관해 말해야 할 의무를 진지하게 받아들이는 신학에서 도전과 위험을 수반하는 조직화는 피할 수 없는 것일까? 칼 바르트는 『교회 교의학』에서 이 질문에 답하고 있는데, 길게 인용할 가치가 있는 유용한 구절이다.

> 이 작업에서-그 대상을 고려할 때 그렇지 않을 수 없다-우리는 진실의 문제를 다루어야 한다. 따라서 전체적으로 그리고 세부적으로 목표는 명확성과 일관성이 되어야 하며, 진리의 명확성과 순서가 실제로 드러나기를 기대해야 한다. 하지만 그렇다면, 교리적인 작업에서 "조직(system) 같은 것"이 어느 정도 자연적으로 자신을 주장하는 것도 불가피하지 않을까? 그렇다면 왜 "조직"이 그토록 혐오스러워야 할까? 이런 식으로 자발적으로 자신을 주장한다면 용서할 수 없을까? 그렇다면 왜 우리는 조직을 금지하는 법에 겁을 먹어야 할까? 자발적으로 스스로를 주장하는 "조직"(조직이 아니라 명확성과 일관성을 추구하는 노력으로서)은 순종을 의미하므로 진리의 그림자일 수 있을까? 그럴 수도 있다. 하지만 이 경우에도 위험은 여전히 존재한다. 승인되지 않은 조직화가 용서될 수 있다는 사실이 조직화 경향을 승인하는 것을 의미하지는 않는다. 또한 본질적으로 승인되지 않은 조직화의 치명적인 형태에서도 진정한

순종이 마침내 입증되고 진실의 그림자가 드러날 수 있다는 사실도 마찬가지이다.[23]

다시 말해, 신학이라는 학문이 조직신학의 형태를 취하는 경향은 이해할 수 있고 어쩌면 필연적일 수도 있지만, 그것이 "진리의 그림자"를 드러낼 수 있다고 해서 그것을 공인된 형태의 신학으로 간주해야 한다는 의미는 아니다. 또한 이런 조직신학은 자연적으로 자기주장을 하는 경향이 있기 때문에, 의식적이고 지속적인 노력을 통해 경계심을 갖고 저항해야 한다. 이에 대한 응답으로 선교적 신학은 세상에서 하나님의 사랑과 선교에 내재한 다양성과 차이를 보존하는 데 기여하는 특정한 일련의 헌신을 수행한다.

선교적 신학의 형태: 타자를 향한 개방과 헌신

영원 전부터 하나님의 선교를 특징짓는 사랑은 하나님의 선교를 세상으로 확장하는 강력한 근거이며 선교적 신학에 독특한 형태를 부여한다. 하나님의 삶에서 사랑과 관계성의 중심성에 부합하는 선교적 신학은 타자에 대해 개방적이고 헌신적이다. 선교적 신학은 의미와 진리가 인간이 쉽게 파악하고 동화할 수 있는 정적인 실체가 아니라고 주장한다. 진리는 은행에 가져가서, 예치하고, 영원히 확보할 수 있는 것이 아니다.

---

23 Karl Barth, *Church Dogmatics* 1/1, 868-69.

진리를 절대적으로 만들기 위한 시도는 마치 인간이 쉽게 접근하고 통제할 수 있는 상품인 것처럼 진리를 재화할 수 있으며, 다른 사람들을 희생시키면서 소유자들에게 힘을 실어주는 방식으로 사용될 위험이 항상 존재한다. 대신, 진리는 우리가 끊임없이 열망해야 하는 실재이다. 선교적 신학의 관점에서 볼 때, 이 여정은 성령님의 능력을 통해 예수 그리스도 안에서 계시된 하나님의 사랑에 대한 우리 전 존재의 헌신을 수반한다. 이는 예수님의 가르침과 모범에 따라 우리 자신보다 다른 사람을 우선시할 것을 끊임없이 요구하는 실재이다. 이는 우리가 모든 진리의 근원이신 하나님에 대한 지식과 관련하여 항상 의존적 위치에 있고 은혜가 필요하다는 사실을 끊임없이 상기시킨다. 인간이 하나님에 대한 의존성과 오류에 빠지기 쉬운 방식을 인정하지 않는 것은 역사적으로 흔한 일이며, 필연적으로 억압과 개념적 우상 숭배의 형태로 이어진다.

기독교 전통에서, 우리는 다른 사람들, 특히 가난하고 소외된 사람들의 얼굴에서 예수님을 보고, 예수님 안에서 하나님을 보도록 초대받는다. 이런 맥락에서, 예수님은 타자를 향한 신학적 지향의 초점이 된다. 타자에 대한 강조와 상호보완적 혼종성(hybridity)의 개념은 특히 선교적 신학의 실천에 큰 의미를 갖는 포스트모던 사상의 유망한 측면이다. 타자성의 개념과 관련된 의미 중에는 철학적, 윤리적, 종말론적 관심사가 있다. 가장 넓은 의미에서, 타자는 자신의 범주에 속하지 않는 모든 것 또는 모든 사람으로 간주한다. 여기서 개인의 고유한 자아(또는 우리가 "동일자"라고 부르는 것)의 영역과 상황은 동일자의 범주 안에 가둘 수 없는 타자와 끊임없이 대면하고 그것에 의해 뚫린다. 타자성의 이런 측면에 대한 도전은 타자성을 자기 폐쇄적인 동일성의 영역으로 환원함으로써 타자성을 침해하는 것을 자제하는 것이다. 이는 타자성을 균질하고 스스로 만든 틀 속에 몰아넣어 타자성의 고유한 차이, 즉 동일성과의 관계에서 타자성을 제거할 수 있기 때문이다.[24] 이는 주제화되고, 개념화되고, 억압되고, 소유될 수 없는 타자의 얼굴에서 알려지는 하나님에 대한 지식에 중요한 의미가 있다. 대신, 타자의 얼굴에서, 타자의 다름과 낯섦 속에서, 동일성에 대한 타자의 궁극적인 환원 불가능성 속에서, 우리는 초월의 현현을 엿볼 수 있다.[25]

타자에 의해 양육되는 것에 대한 개방성과 연결된 혼종성의 개념은 통일성 속에서의 차이의 지속성을 나타낸다. 이는 서로 반대되는 원칙을 통합하려는 시도를 수반하는 혼합주의와 다르다. 혼종성은 이분법적 대립에 기반한 굳어진 차이에 대한 저항과 모든 차이를 헤게모니적 동일성 개념으로 흡수하는 것을 거부하는 것을 의미한다. 포스트모던 운동의 핵심은 차이와 다양성을 축하하기 위해 이성의 전체주의적인 힘에 저항하는 것이다. 선교적 신학은 이런 헌신을 공유한다. 타자에 대한 개방성이라는 의제는 세상에서 하나님의 사랑을 드러내는 계시의 고유한 부분인 기독교 증거의 다양성을 보존하기 위한 헌신으로 이어진다.

이는 포스트모던 사상에 대한 헌신을 공유하는 다양한 이질적인 담론을 설명한다. 개혁주의 신학자 제임스 올수이스는 이런 헌신을 훌륭하게 요약한다. "윤리적으로 포스트모던 담론은 복수성에 대한 경각심과 타자에 대한 경계심을 공유한다. 순수한 합리성에 의해 점점 더 통제되

---

[24] 이런 아이디어에 대한 자세한 내용은 다음을 참조하라. Edward Said, *Orientalism* (New York: Vintage, 1978).

[25] 타자성과 초월성의 개념에 대한 자세한 내용은 다음을 참조하라. Emmanuel Levinas, *Alterity and Transcendence*, trans. M. Smith (New York: Columbia University Press, 1999).

는 세상에 대한 계몽주의적 꿈에서 모더니스트 이성 윤리는 타자와 다른 사람들, 지배적 담론 밖에 있는 사람들에게 맹목적이고 무관심할 뿐만 아니라 그들에게 폭력적이고 억압적인 태도를 보여 왔다."[26] 선교적 신학은 타자의 증거에 대한 열린 자세와 헌신을 위한 수단으로 차이와 다양성을 기념하기 위해 이성의 전체주의적 힘에 저항한다.

하나님의 선교에 의해 적절하게 형성된 신학의 형태는 지속해서 기독교 증거의 과업에서 타자의 목소리에 대한 개방성과 헌신을 특징으로 할 것이다. 이는 타자성 및 차이를 가지고 영원한 교제 속에서 사시는 사랑의 삼위일체 하나님께 충실한 모든 형태의 기독교 담론을 지배하는 사랑의 법칙과 일치한다. 하나님의 사랑은 타자를 동화시키려 하지 않는다는 점을 다시 한번 강조할 필요가 있다. 예수 그리스도 안에서 하나님의 계시를 통해 세상으로 확장된 삼위일체 하나님의 삶에서 타자성에 대한 강조는 신학의 실천에 큰 의미가 있다. 우리가 문화적 동화의 위험에 저항하고 복음의 충만함을 알고 증거하기 위해서는 다른 사람들의 증거에 열려 있어야 하고, 열린 상태를 유지해야 한다.

다른 사람들의 목소리에 대한 개방성과 헌신이 기독교 신학의 실천에 영향을 미치는 방식 중 하나는 특정한 사회적, 문화적 가정과 전제의 지배가 성경과 신학을 그 이미지로 각인한 상황에서 나타난다. 이런 경우, 다수의 가정과 전제에 참여하지 않는 사람들의 목소리는 소외되거나 가려지는데, 종종 특정 문화적 의제를 신학 분야로 끌어들여 그것들이

---

26 James Olthuis, "Face-to-Face: Ethical Asymmetry or the Symmetry of Mutuality?," in *Knowing Other-Wise: Philosophy at the Threshold of Spirituality*, ed. James Olthuis (New York: Fordham University Press, 1997), 135.

성경이나 기독교 전통에 충실하지 않다는 주장으로 위장되기도 한다. 문화 제국주의는 신학의 큰 위험 중 하나이며, 신학의 실천을 위해 받아들여지는 문화적 규범에 맞지 않는 목소리를 쉽게 억압하는 결과를 초래한다.

타인의 복수성과 차이에 대한 개방성은 우리 자신의 관점과 경험의 한계를 인식하도록 요구한다. 또한 우리가 자기 상상의 감옥에서 벗어나 예수 그리스도 안에서 하나님이 알려주신 실재를 경험하기 시작할 수 있는 수단으로서 타인을 위한 삶을 살도록 우리를 초대한다. 이 실재는 우리의 특정한 언어, 사고방식, 경험을 넘어서는 것이지만, 기독교의 성경적 전통의 관점에서 보면, 길, 진리, 생명의 화신이신 예수 그리스도의 인격으로 우리에게 가까이 다가왔다.

타자에 대한 개방성과 헌신의 자세, 혼종성에 대한 동반자적 개념, 신실한 기독교 증거를 위한 복수성에 대한 헌신이 선교적 신학의 긍정적인 의제를 형성한다. 이 긍정적인 의제를 확증하고 뒷받침하기 위해 선교적 신학은 또한 복음을 위해 그리고 세상을 위해 진정으로 타자에게 개방적이고 헌신하는 공동체의 형태로 이 의제가 번성할 수 있는 분명한 공간을 확보하는 기능을 하는 밀접하게 관련된 두 가지 형식적 관심사, 즉 토대를 넘어서고 전체성에 반대하는 관심사에 의해 형성된다.

선교적 신학의 형태: 토대를 넘어서

타자성, 상황성, 복수성에 대한 헌신에 부합하여, 선교적 신학은 강력하거나 고전적인 토대주의에 대한 포스트모던적 비판을 긍정한다.[27] 인식론적 확실성에 대한 계몽주의 탐구는 전근대적 권위 개념을 거부하고 그것을 모든 개인이 접근할 수 있는 의심할 여지가 없는 신념이라는 개념으로 대체함으로써 근대를 깊이 형성했다. 철학적으로, 토대주의는 지식의 정당화와 관련된 이론이다. 이 이론에 따르면, 신념은 다른 신념과의 관계에 의해 정당화되어야 하며, 이 절차에서 비롯된 정당화의 사슬은 순환적이거나 끝이 없어서는 안 되고, 비판으로부터 자유롭고 질문을 제기할 수 없는 기초적 신념에 종착점이 있어야 한다. 불변하는 토대의 목표는 시간과 상황을 초월하는 보편적인 지식에 도달하는 것이다. 이런 추구에 부합하여, 계몽주의 이후 인간 지식의 이상은 지역적, 특수적, 실용적인 것보다는 보편적, 일반적, 이론적인 것에 초점을 맞추는 경향이 있었다.

이런 지식 개념은 신학자들이 기독교 신앙에 대한 개념을 그 지시에 따라 재구성하면서 신학이라는 학문을 지배하게 되었다. 19세기와 20세기에 토대주의적 충동은 좌파와 우파 사이의 신학적 분열을 낳았다. 자유주의자들은 공격할 수 없는 종교적 경험의 토대 위에 신학을 구축했지만, 보수주의자들은 오류가 없는 성경을 논쟁의 여지가 없는 신학의 토대라고 생각했다.[28] 흥미롭게도, 두 그룹 모두 그들의 차이점에도 불구하고 일반적으로 통용되는 토대주의적 지식 개념에서 출발했다. 다시 말

---

27 반토대주의적(non-foundational) 신학의 프로필에 대한 자세한 내용은 다음을 참조하라. Stanley J. Grenz and John R. Franke, *Beyond Foundationalism: Shaping Theology in a Postmodern Context* (Louisville: Westminster John Knox, 2001).

28 신학의 올바른 기초에 관한 자유주의와 보수주의의 구분은 다음을 참조하라. Nancey Murphy, *Beyond Liberalism and Fundamentalism: How Modern and Postmodern Philosophy Set the Theological Agenda* (Valley Forge, PA: Trinity Press International, 1996), 11-35.

해, 자유주의와 보수주의 신학자들은 종종 동일한 근대주의적, 토대주의적 동전의 양면에서 신학적 세부 사항을 연구하는 것으로 볼 수 있다.

포스트모던 사상은 근대 토대주의에 대해 서로 연관되어 있지만 별개의 두 가지 질문을 제기한다. 첫째, 지식에 대한 이런 접근이 가능한가? 둘째, 이런 접근 방식이 바람직한가? 이런 질문은 포스트모던 해석철학의 두 가지 주요 분야로 볼 수 있는 유한성의 해석학 및 의심의 해석학과 관련이 있다. 하지만 토대주의에 대한 도전은 철학적일 뿐만 아니라 기독교 신학의 상황에서도 나타난다. 메롤드 웨스트팔은, 해석학적 철학과 관련하여, 포스트모던 이론이 신학적 근거에서 명백하게 기독교적인 사상의 과업에 적절하게 적용될 수 있다고 제안한다. "유한성의 해석학은 인간 창조의 의미에 대한 명상이고, 의심의 해석학은 인간 타락의 의미에 대한 명상이다."[29] 이런 관점에서 볼 때, 토대주의의 가능성과 바람직성에 관한 포스트모던 사상이 제기하는 질문은 기독교 신학의 핵심 내용에서 비롯된 질문이기도 하다. 둘 다 비슷한 결론에 이르게 된다.

첫째, 근대의 토대주의는 유한한 인간에게 불가능한 꿈이며, 그 전망은 항상 제한적이고 특정 상황에 의해 형성된다. 둘째, 지식의 내재적 선함에 대한 근대적 토대주의의 강조는 타락하고 죄 많은 인간의 본성 때문에 산산조각이 난다. 인간은 종종 타인을 희생시키면서까지 자신을 강화하고 자신의 목적을 달성하기 위해 인식 과정을 장악하고자 한다. 유한성의 한계와 인간 본성의 결함 상태는 피조물이자 죄인인 인간에게 인식론적 토대주의는 가능하지도 않고 바람직하지도 않다는 것을 의미

---

29 Westphal, *Overcoming Onto-theology*, xx.

한다. 포스트모던 철학과 기독교 신학의 관점에서 나타나는 토대주의에 대한 이 이중 비판은, 현재의 지적 상황을 고려할 때, 신학의 과제에 대한 포스트모던적, 선교적 접근 방식을 설명하는 비토대주의적 언어의 적절성과 적합성을 제안한다.

선교적 신학을 위한 비토대주의의 중요한 요소 중 하나는 상황성에 대한 본질적인 헌신이며, 이는 서구의 신학적 담론에서 종종 배제되어 온 개인과 공동체의 목소리에 신학적 대화의 문을 열 것을 요구한다. 비토대적 인식론, 문화 간 해석학, 선교적 신학은 모두 그리스도 안에서 하나님 계시의 진리를 온전히 다루는 데 있어 개인이나 특정 공동체 또는 신학 전통과 같은 어느 한 인간적 관점도 충분하지 않다는 것을 주저 없이 주장한다. 리처드 마우는 자신이 포스트모던 주제에 대해 진지하게 성찰하게 된 동기 중 하나로 이 문제를 지적한다. "세계 다른 지역의 많은 기독교인이 우리 '북대서양' 신학에 도전하면서, 우리 자신의 문화적 위치뿐만 아니라, 기독교 메시지의 본질과 다양한 서구 철학 전통에서 차용한 교리와 틀 사이의 경계를 모호하게 만든 방식에 대해서도 비판적으로 생각하도록 요구한다."[30] 신학에 대한 비토대주의적, 문화 간, 선교적 접근 방식을 채택하려면 신학적 해석과 구성 과정에서 문화와 사회적 위치의 역할에 대한 비판적 인식이 필수적이다.

신학에 대한 이런 비토대주의적 접근 방식은 보편적, 일반적, 이론적인 것보다는 지역적, 특수적, 실제적인 것에 중점을 둔다. 윌리엄 스테이시 존슨에 따르면, 비토대주의 신학은 "그들의 지적 주장에 대한 자명하

---

[30] Richard Mouw, "Delete the 'Post' from 'Postconservative,'" *Books & Culture* 7, no. 3 (May/June 2001): 22.

거나, 추론할 수 없거나, 수정할 수 없는 것으로 추정되는 근거에 대한 모든 호소를 제쳐두는 공통의 목표를 공유한다."[31] 비토대주의 신학자들은 특정 신학을 구성하는 많은 신념 가운데 비판에 영향을 받지 않고 다른 모든 주장의 확실한 근거를 제공하는 반박할 수 없는 단 하나의 기초가 있어야 한다는 개념을 거부한다. 비토대주의 신학에서는 모든 신념이 비판과 재구성에 열려 있다. 그렇다고 해서 비토대주의 신학이 강력하게 옹호할 수 있는 주장을 하거나 강한 신념을 유지할 수 없다는 의미는 아니다. 프란시스 쉬슬러 피오렌자가 언급하듯이, 비토대주의 신학에 참여하는 것은 "그것이 모든 주장, 모든 관련 배경 이론을 검토하는 자기 수정적 작업"임을 받아들이는 것이다.[32] 비토대주의 신학은 신념을 피하는 것이 아니라, 아무리 오래되고 소중한 신념이라도 비판적 검토를 거쳐 수정, 재구성, 심지어 거부될 수 있다고 주장할 뿐이다. 토대를 넘어선 선교적 신학은 모든 인간 사고의 상황에 긍정적이고 적절하게 반응하며, 따라서 원칙적인 신학적 복수성을 수용하고자 한다. 이 신학은 교회의 궁극적인 권위는 성경, 전통, 문화 등 특정한 원천이 아니라 오직 예수 그리스도 안에서 계시된 살아계신 하나님임을 확언한다. 이는 인간이 하나님과의 인식론적 관계에서 항상 의존의 위치에 있으며 은혜가 필요하다는 것을 의미한다. 이런 관계를 장악하려는 인간의 시도는 교회 역사를 통틀어 너무나 흔한 일이었으며, 아무리 좋은 의도를 가지고 있더라도, 필연적으로 개념적 우상숭배와 억압의 형태로 이어진다. 선교적

---

31 William Stacy Johnson, *The Mystery of God: Karl Barth and the Postmodern Foundations of Theology* (Louisville: Westminster John Knox, 1997), 3.

32 Francis Schüssler Fiorenza, *Foundational Theology: Jesus and the Church* (New York: Crossroad, 1986), 287.

신학은 인간 지식의 지역적, 상황적 특성에 부합하는 개방적이고 유연한 접근 방식을 육성하고자 한다.

선교적 신학의 형태: 전체성에 반대하여

선교적 신학의 세 번째 측면은 두 번째 측면과 밀접한 관련이 있다. 토대주의에 저항하려는 노력은 전체성에 반대하는 자세로 이어진다. 선교적 신학은 문화 간 해석학의 급진적 상황성에 전념하기 때문에 어떤 특정한 신학이 모든 시대와 장소에 보편적이라는 주장에 반대한다. 이런 헌신은 문화인류학적 고려와 선교학적 고려 모두에서 비롯된다. 문화인류학의 관점에서 볼 때, 전체성에 반대하는 이런 입장은 지식의 사회학 및 언어적 전환(linguistic turn)과 관련이 있다. 인류학자들은 인간은 객관적인 관점에서 세상을 바라보는 것이 아니라 자신이 세상에 가져온 개념, 특히 언어를 통해 세상을 구조화한다고 주장한다. 인간의 언어는 화자의 상황에 따라 다양한 방식으로 세상을 설명하는 사회적 관습으로 기능한다. 언어는 우리가 살고 있는 세계를 구성하고 현실에 대한 인식을 구조화한다. 하지만 언어와 세계 사이에는 단순한 일대일 관계가 존재하지 않으며, 따라서 하나의 언어적 설명으로 소위 '실제' 세계에 대한 객관적인 개념을 제공할 수는 없다.

인류학자들은 문화가 외부에서 문화 집단의 구성원에게 전달되어 수동적으로 내면화되는 기존의 사회 질서라는 오래된 가정을 폐기했다. 그들은 이런 관점이 문화를 생산하고 지속해 변화시키는 지속적인 사회적 과정으로부터 문화를 분리한다는 점에서 잘못된 것이라고 주장한다. 문화는 인간의 산물이나 학습된 정신 구조 위에 있거나 그 너머에 있는 실체가 아니다. 요컨대, 문화는 실체가 아니다.[33] 문화가 사회생활의 다양한 제도적 표현을 통합하고 개인을 사회에 묶어준다는 문화에 대한 근대적 이해도 심각한 도전에 직면해 있다. 앤서니 코헨에 따르면, 그것은 "모더니즘적 거대 이론의 소멸과 다양한 모습의 '해석적 전환'의 도래로 인한 희생자 중 하나가 되었다."[34]

문화는 인간에 대한 결정권을 행사하기보다는, 사회적 상호 작용의 결과이자 산물로 간주한다. 이 틀에서, 인간은 수동적인 수용자가 아니라 능동적인 문화 창조자이다.[35] 클리퍼드 기어츠는 문화를 사람들이 짜고 그 안에 매달려 있는 '의미의 거미줄'로 구성된다는 설명을 통해 이런 방향에 대한 원동력을 제공했다.[36] 기어츠는 문화를 "역사적으로 전승된 상징으로 구현된 의미의 패턴, 즉 사람들이 삶에 대한 자신들의 지식과 태도를 전달하고, 영속화하며, 발전시키는 상징적 형태로 표현되는 유전된 개념의 체계"로 정의한다.[37] 코헨에 따르면, 기어츠는 "문화에 대한 인류학적 관점을 사회 구조에서 추정되는 객관적 표현에서 그 구조를 구성하는 구성원들에 의한 주관적인 실현으로 전환하는" 데 기여했

---

33 Roy G. D'Andrade, *The Development of Cognitive Anthropology* (Cambridge: Cambridge University Press, 1995), 250.
34 Anthony P. Cohen, *Self Consciousness: An Alternative Anthropology of Identity* (London: Routledge, 1994), 118.
35 Cohen, *Self Consciousness*, 118-19.
36 Clifford Geertz, *The Interpretation of Cultures* (New York: Basic Books, 1973), 5.
37 Geertz, *Interpretation of Cultures*, 89.

다.[38]

문화는 특정 개인의 관점에서 보면, 대체로 주어진 것으로 보이는 일련의 의미 있는 형식과 상징에 존재한다.[39] 하지만 이런 형식은 인간의 정신에 해석할 수 있는 능력이 있기 때문에 의미가 있다. 인류학자들은 의미 형성에 있어 문화적 산물과 인간 해석의 상호작용을 살펴본다. 그들은 의미가 기호나 기호 간의 관계에 있다는 믿음과는 달리, 기호 사용자가 의미를 부여한다고 주장한다. 그렇다고 해서, 개인이 스스로 문화적 의미를 발견하거나 구성한다는 의미는 아니다. 현대 문화인류학의 핵심은 문화적 의미의 생성을 세계 구성 및 정체성 형성과 연결된 것으로 이해하는 데 있다.

이런 접근 방식은 문화를 사회적으로 구성된 것으로 이해하게 한다. 피터 버거와 같은 사회 구성주의자들은 우리가 이미 주어진 조립식 세계에 사는 것이 아니라, 우리가 직접 만든 언어적으로 해석된 사회문화적 세계에 살고 있다고 주장한다. 우리가 세계를 구성하는 과정의 핵심은 우리의 다양한 경험에 의미 있는 질서를 부여하는 것이다.[40] 우리가 사용하는 해석의 틀은 우리가 참여하는 사회에 의존한다.[41] 사회는 우리의 세계를 구성하는 데 필요한 문화적 도구를 우리에게 매개한다.

이렇게 구성된 세계는 보편적이고 객관적인 실재인 것처럼 보이지만, 데이비드 모건의 말을 빌리자면, 그것은 "여러 세대가 끊임없이 건

---

38 Cohen, *Self Consciousness*, 135.
39 Geertz, *Interpretation of Cultures*, 45.
40 Peter L. Berger, *The Sacred Canopy: Elements of a Sociological Theory of Religion* (Garden City, NY: Doubleday, 1967), 3-13.
41 Berger, *Sacred Canopy*, 20.

설, 파괴, 재건, 재설계하는 불안정한 건축물"에 불과하다.[42] 우리는 개인의 정체성이 복잡하게 얽혀 있는 언어적, 사회적으로 구성된 세계에 살고 있다. 이런 세계의 구성과 개인 정체성의 형성은 공유된 문화적 의미의 형성과 재편이 결정적인 역할을 하는 지속적이고, 역동적이며, 유동적인 과정이다. 인간이 된다는 것은 문화에 내재하여 있다는 것이다. 끊임없이 변화하는 상황을 형성하는 수많은 대화 속에서, 우리는 다른 사람들과 공유하는 문화적 상징을 성찰하고 내면화하면서 해석의 과정과 의미의 창출에 참여한다.

선교학자 앤드루 월스는 모든 인간 담론의 위치적, 상황적 특성으로 인해 복음의 핵심 요소인 "토착화 원리"를 확언한다.[43] 토착화 원리는 우리가 과거, 현재, 또는 앞으로 되려고 하는 것이 아니라, 그리스도의 사역을 통해 하나님이 우리가 있는 곳에 오셔서 우리를 받아들이신다는 복음의 핵심적인 선언에 뿌리를 두고 있다. 있는 그대로 우리를 받아들이신다는 것은 하나님이 우리를 고립되고, 자급자족하는 개인이 아니라 우리가 살고 있는 특정한 시대, 장소, 가족, 사회, 집단, 문화에 의해 영향을 받는 사람으로 관계하신다는 개념을 가리킨다. 그리스도 안에서 우리는 우리를 만드는 모든 관계, 경험, 문화적 조건 속에서 하나님께 받아들여진다.

그리스도 안에서 새로운 피조물이라는 개념은 예수님의 길로 전환한 사람이 백지상태의 마음으로 진공 상태에서 새로운 삶을 시작하는 것을

---

42 David Morgan, *Visual Piety: A History and Theory of Popular Images* (Berkeley: University of California Press, 1998), 9.

43 Walls, *Missionary Movement*, 3-9.

의미하지 않는다. 우리는 모두 사회적, 문화적, 역사적 환경에 의해 형성된다. 하나님이 우리를 있는 그대로 받아들이셨다는 확언은 우리의 삶과 마음이 우리가 배운 가정과 전제와 함께 발전해 온 방식에 의해 계속 영향을 받을 것임을 의미한다. 이것들은 우리의 의식에서 어떻게든 제거되는 것이 아니라, 우리가 세상을 바라보는 방식을 계속 형성한다. 또한 이런 현실은 "개인에게나 집단에게나 마찬가지'라는 사실에 주목할 가치가 있다. 우리 교회를 포함한 모든 교회는 문화 교회이다."[44]

교회의 복수성은 성경의 복수성에 대한 신실한 표현이며, 이는 다시 하나님의 영원한 생명 안에서 살아 숨 쉬고 계시의 행위로 표현된 진리의 복수성을 신실하게 증거하는 것이다. 복수성은 진리의 신실한 표현으로서 하나님의 의도이자 뜻이다. 라민 사네의 말에 따르면, "우리 대부분은 문화, 언어, 전통이 우리와 다른 사람들을 존중하는 것은 물론이고, 우리와 의견이 다른 사람들을 존중하는 것조차도 어렵다. 우리 모두에게 복수성은 걸림돌이 될 수 있지만, 하나님께는 우주 설계의 초석이다."[45]

---

[44] Walls, *Missionary Movement*, 8.
[45] Sanneh, *Translating the Message*, 27.

5장

선교적 연대

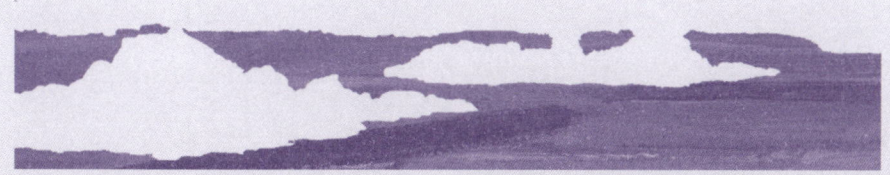

복음과 하나님 나라를 증거하는 기독교 공동체의 다양성과 다양한 증거를 살펴보면서 독자들은 교회의 연합에 대해 궁금해할 수 있다. 교회의 증거가 복수성과 다양성을 특징으로 하는 것이라면, 성경이 우리에게 나타내고 보존하라고 요구하는 연합을 어떻게 이해해야 할까? 역사적으로나 문화적으로나 눈부시게 다양한 형태로 구현되어 온 복수적 교회 속에서 기독교 공동체의 연합을 어떻게 생각할 수 있을까? 신념과 관행에 대해 많은 논쟁과 다툼이 있는 상황에서 연합을 이룰 수 있을까? 전 세계의 기독교인들은 하나의, 거룩하고, 보편적이며, 사도적인 교회를 믿는다고 고백하지만, 기독교의 다양성이라는 단순한 사실이 우리로 교회가 정말 하나인가라는 질문을 던지게 하지 않는가? 그리고 만약 그렇다면, 우리는 그 순수하고 환원할 수 없는 복수성 속에서 이 연합을 어떻게 이해해야 할까? 과거의 다양한 세계 기독교 공동체와 현재의 다양한 세계 기독교 공동체는 어떤 의미에서 서로 "하나"라고 말할 수 있을까?

우리는 먼저 이런 질문들이 왜 중요한지 생각해 볼 수 있다. 기독교인들은 교회의 연합을 확인하는 데 어떤 이해관계가 있는가, 아니면 교회의 경쟁적인 관행과 전통으로 인해 각 공동체가 하나의 진리를 대표한다고 확신하면서 종파적인 방식으로 나아가야 할까? 안타깝게도, 이념적 스펙트럼을 넘어 기독교인들에게 후자의 경우가 종종 있는 것처럼 보인다. 기독교 공동체의 다양성은 교회들이 자신들의 우월성과 더 큰 신실함을 주장하기 위해 고군분투하면서 교회 간의 분열과 심지어 적대감의 기반이 되어 왔다. 하지만 교회와 신학에 대한 이런 배타주의적 이해는 교회가 조화롭게 살도록 촉구하고 이런 연합을 복음 증거와 연관시키는 신약성경의 증거에 담긴 하나님의 선교와 의도에 반하는 것이다.

연합/연대

성경은 한 신앙의 다성적(여러 목소리가 내는) 특성을 증거하는 가운데, 연합 또는 연대의 개념을 찬양한다. 복수성과 차이에 대한 헌신은 진정한 화합을 위해 중요한 건강한 표현의 자유를 허용한다. 그러나 복수성이 초래하는 자유의 큰 위험 중 하나는 각자가 다른 사람에 대해 자신의 자유를 주장할 때 쉽게 불화와 적대감의 기반이 된다는 것이다. 바울은 갈라디아 교회에 보낸 편지에서 이에 대해 경고한다. "형제들아 너희가 자유를 위하여 부르심을 입었으나 그러나 그 자유로 육체의 기회를 삼지 말고 오직 사랑으로 서로 종노릇하라 온 율법은 '네 이웃 사랑하기를 네 자신 같이 하라' 하신 한 말씀에서 이루어졌나니 만일 서로 물고 먹으면 피차 멸망할까 조심하라"(갈 5:13-15).

복수성과 자유가 분쟁과 폭력으로 이어질 수 있는 위험에 대응하기 위해 구약성경과 신약성경은 모두 연합의 선함과 중요성을 강조한다. 시편 133편은 연합에 대한 고전적인 표현이다. "보라 형제가 연합하여 동거함이 어찌 그리 선하고 아름다운고!"(1절). 이 주장은 아론의 기름 부음(2절)과 헐몬산의 이슬(3절)에 대한 언급을 통해 히브리 시의 평행법에 부합하는 두 가지 방식으로 설명된다. 이 두 그림에는 모두 기름과 이슬이라는 액체가 등장한다.

첫째, 연합은 "머리에 있는 보배로운 기름이 수염 곧 아론의 수염에 흘러서 그의 옷깃까지 내림 같다"(2절). 아론에 대한 언급은 여기서 언급된 기름이 히브리 제사장을 봉헌하는 데 사용되는 향기롭고, 상쾌한 기름이라는 것을 분명히 한다. 이 기름은 올리브유, 액체 몰약, 계피 등의 향신료로 구성된 귀한 것으로, 하나님이 의도하신 삶의 즐거움을 상징하는 달콤하고 기분 좋은 향기로 공기를 가득 채운다. 아침에 갓 내린 커피, 추수감사절이나 크리스마스에 오븐에서 구워지는 칠면조 고기, 주방에서 식어가는 갓 구운 파이와 간식 등 눈을 감고 이 멋진 향기를 현대적 환경에서 상상할 수 있다. 이것이 바로 연합의 의미이다. 공기를 가득 채우고 예배, 잔치, 축하를 의미하는 기분 좋은 달콤한 향기이다.

둘째, 연합은 "헐몬의 이슬이 시온의 산들에 내림 같다"(3절). 헐몬산은 예루살렘(시온이라고도 함)의 북쪽에 있으며 이스라엘에서 가장 높은 산이다. 이 산의 수분은 이스라엘을 남북으로 가로지르는 요르단강으로 흐르는 개울로 흘러 들어가, 비가 자주 오지 않아 강바닥이 마르고 물이 부족한 건조한 땅에 물을 대고 생명을 불어넣어 준다. 메마른 땅에 물이 부족하기 때문에 헐몬산의 이슬은 매우 귀한 것이다. 이것이 바로 연합의 모습이다. 연합은 발원지를 넘어 멀리까지 퍼져나가 먼 땅에도 생명을 불어넣는다.

이 시편을 읽은 고대 독자들은 아론의 수염과 헐몬산의 경사면에서 흘러내리는 기름과 이슬이 주변 사람들에게 단맛과 생명을 주는 풍요로움을 가져다준다는 암시를 이해했을 것이다. 이 시편은 "성전에 올라가는 노래"라는 구절로 시작하는 15편의 시편(시 120~134편) 중 하나이다. 많은 학자가 이 시편이 예루살렘과 성전산으로 올라가는 길에 예배자들이 불렀던 시라는 것을 제목에서 알 수 있다고 믿는다. 다른 학자들은 레위 제사장들이 성전에서 사역하기 위해 계단을 올라갈 때 이 시편을 불렀다고 주장하기도 한다. 어떤 경우이든 고대 독자들은 예루살렘 성전에서 흘러나오는 예배의 연합이 주변 땅, 나아가 온 땅에 선과 생명을 가져다준다는 의미를 놓치지 않았을 것이다. 사도행전 초반에 예수님이 제자들에게 하신 약속과 비슷한 점을 생각해 보라. "너희가 권능을 받고 예루살렘과 온 유대와 사마리아와 땅끝까지 이르러 내 증인이 되리라"(1:8). 예수님을 따르는 사람들이 선포하는 복음의 메시지가 연합과 평화를 만들어 내면 온 땅에 선과 생명이 깃들게 될 것이다.

이는 하나님이 아브라함과 맺으신 언약, 즉 그의 백성이 열방에 복이 될 것이라는 언약과 일치한다. 불화로 갈기갈기 찢긴 세상 한가운데서, 하나님은 다른 이야기를 하고 대안적인 삶을 살도록 한 민족을 부르신다. 이들은 인종, 민족, 성별, 사회/경제적 계층, 성적 취향, 정치적 선호도, 이데올로기, 그리고 어떤 사람들은 열등하고 하나님의 축복을 받을 자격이 없다는 것을 암시하기 위해 인간이 만들어 낼 수 있는 모든 구조물을 버리고 다양성과 차이 속에서 하나 됨의 비전을 향해 나아가는 삶을 살아간다. 하나의 신앙이 세상을 위해 연합하려는 많은 목소리로 표현된다.

이것이 바로 세상을 향한 하나님의 비전, 즉 모든 사람이 충분하고 누구도 두려워할 필요가 없는 평화롭고 조화로운 공동체이다. 신약성경이 교회의 연합에 그토록 관심을 기울이는 것도 바로 이런 이유 때문이다.

신약성경에서 교회의 연합에 관한 가장 중요한 본문은 아마도 요한복음 17장일 것이다. 예수님은 제자들이 진리 그 자체인 하나님의 말씀으로 진리 안에서 거룩해지기를 기도하신 후, 자신이 보냄을 받은 것처럼 제자들을 세상으로 보낸다고 말씀하신다. 그런 다음, 교회의 연합에 관심을 돌리시면서 예수님은 제자들과 교회가 자신이 아버지와 함께 나누는 연합과 같은 방식으로 하나가 되어 세상으로 아버지가 자신을 보내신 것을 믿게 해 달라고 기도하신다.

내가 비옵는 것은 이 사람들만 위함이 아니요 또 그들의 말로 말미암아 나를 믿는 사람들도 위함이니 아버지여, 아버지께서 내 안에, 내가 아버지 안에 있는 것 같이 그들도 다 하나가 되어 우리 안에 있게 하사 세상으로 아버지께서 나를 보내신 것을 믿게 하옵소서 내게 주신 영광을 내가 그들에게 주었사오니 이는 우리가 하나가 된 것 같이 그들도 하나가 되게 하려 함이니이다 곧 내가 그들 안에 있고 아버지께서 내 안에 계시어 그들로 온전함을 이루어 하나가 되게 하려 함은 아버지께서 나를 보내신 것과 또 나를 사랑하심 같이 그들도 사랑하신 것을 세상으로 알게 하려 함이로소이다. (요 17:20-23)

진리에 대한 지식, 예수님을 보내심, 교회의 연합 사이에 밀접한 연관성이 있음을 주목하라. 예수님은 세상에 보냄을 받아 세상의 빛이 되시고, 죄를 용서하시고, 사랑과 구원을 선포하셔서 세상이 믿고 그분의 길을 따를 수 있도록 하셨다. 예수님은 하나님 통치의 표지, 도구, 맛보기로 세상에 보냄을 받은 공동체인 교회로 그 선교를 계속 이어가도록 위임하셔서 자신이 세상을 하나님과 화목하게 하기 위해 아버지로부터 보냄을 받으셨다는 사실을 증거하게 하셨다. "그들이 완전히 하나가 되어 세상으로 아버지께서 나를 보내신 것을 알게 하소서"라는 예수님이 기도하시는 연합은 이 진리의 주요 지표이다. 다시 말해, 하나됨은 예수 그리스도 안에서 화목하게 하시는 하나님의 사랑에 대한 가시적인 증거로서 세상이 실제로 볼 수 있도록 입증되어야 한다. 이는 교회의 연합이 교회의 삶과 증거와 밀접하게 연결되어 있으며, 세상에서 하나님의 백성이 되는 선교적 소명의 핵심적인 측면임을 보여준다.

가시적 연합에 대한 이런 관심은 신약성경의 다른 부분에서도 두드러지게 나타난다. 에베소서에서는 세상 사람들을 화목하게 하시는 하나님 평화의 주도권에 관해 설명한 후, 교회가 이런 현실을 모범적으로 보여주고 세상에 가시화할 수 있는 태도와 실천을 채택할 것을 요청한다. 연합은 단순히 보이지 않는 현실이 아니라 겸손, 온유, 인내, 타인에 대한 관용의 훈련을 통해 가시적인 방식으로 나타나야 하는 소명이기도 하다. 빌립보 교회에 보내는 편지는 이런 자질과 하나님과 동등됨을 추구하지 않고 자신을 낮추시고 종의 형체를 취하신 예수님의 삶을 연결한다. 이 편지는 교회가 이런 모범을 따르라고 촉구한다(빌 2:1-11). 갈라디아서에는 사랑, 희락, 화평, 오래 참음, 자비, 양선, 충성, 온유, 절제 등이 금지할 법이 없는 성령의 열매라고 말한다(갈 5:22-26). 하나님은 아버지께서 아들과 공유하시는 것과 같이 완전하고 가시적인 하나됨으로 교회를 부르신다.

아버지께서 세상을 구속하기 위해 아들을 보내셨다는 믿음과 교회의 연합 사이의 밀접한 연관성을 고려할 때, 교회의 연합에 대한 중요한 도전 중 하나가 특정 종류의 진리 주장을 하는 사람들에게서 나온다는 것은 아이러니하다. 디도에게 보낸 편지는 예수 그리스도 교회의 분열에 대한 명백한 경고를 통해 이 문제를 다룬다. "그러나 어리석은 변론과 족보 이야기와 분쟁과 율법에 대한 다툼은 피하라 이것은 무익한 것이요 헛된 것이니라 이단에 속한 사람을 한두 번 훈계한 후에 멀리하라 이러한 사람은 네가 아는 바와 같이 부패하여서 스스로 정죄한 자로서 죄를 짓느니라"(3:9-11). 의심할 여지 없이, 그런 일에 대해 논쟁하고 싶어 하는 사람들은 진실을 가장하여 그렇게 한다. 그들은 율법에 대한 그들의 특정한 개념이 올바른 이해이기 때문에 우리가 모두 그것을 믿고 유지해야 한다고 말한다. 그들은 그것이 유일한 진리라고 확신하며, 그것을 근거로 자신의 견해와 이익을 추구하기 위해 교회에 불화와 분열을 조장한다. 우리는 이 구절에 신학이라는 단어를 의미의 왜곡 없이 쉽게 추가할 수 있다. 교회에서 논란이 되는 일부 논쟁은 전혀 유익하지 않다. 불필요하게 교회를 분열시키고 선교적 소명에서 멀어지게 한다. 이 서신에 제시된 처방은 분명하다. 분열을 조장하는 사람들에게 두 번 경고하고 더 이상 상관하지 말라. 교회의 연합을 위해 헌신하지 않기 때문이다.

성경의 증거와 예수님의 기도에 따르면, 교회의 연합은 성령님이 보호하시고 공동체 구성원들이 보존하고 증진하도록 부름을 받은 가장 중요한 문제이다. 이 본문들은 복음의 진리를 세상에 증거하는 교회의 가시적 연합의 중요성을 지적한다. 따라서, 교회는 성령의 하나됨을 보존하기 위해 모든 노력을 기울이고 교회의 분열을 조장하는 사람들을 경계해야 한다. 교회의 연합을 증진하고 보존하는 것은 교회의 선교적 소명의 일부이다. 교회의 선교는 교회의 다양성 속에서 교회의 연합을 적절하고 가시적으로 표현하는 것과 밀접하게 연관되어 있으며, 이런 연합을 유지하지 못하면 세상에 대한 교회의 선교와 증거가 크게 손상될 것이다.

이 점에서 우리가 실패하면, 우리가 믿는 다른 어떤 것이 아무리 옳다고 해도 실패하는 것이다. 그러므로 에베소서 4장의 첫 구절은 다음과 같이 말한다. "그러므로 주 안에서 갇힌 내가 너희를 권하노니 너희가 부르심을 받은 일에 합당하게 행하여 모든 겸손과 온유로 하고 오래 참음으로 사랑 가운데서 서로 용납하고 평안의 매는 줄로 성령이 하나되게 하신 것을 힘써 지키라 몸이 하나이요 성령도 한 분이시니 이와 같이 너희가 부르심의 한 소망 안에서 부르심을 받았느니라 주도 한 분이시요 믿음도 하나이요 세례도 하나이요 하나님도 한 분이시니 곧 만유의 아버지시라 만유 위에 계시고 만유를 통일하시고 만유 가운데 계시도다"(4:1-6).

이는 우리가 주변 사람들을 통제할 수는 없지만, 우리 삶에서 겸손, 온유, 인내, 관용의 훈련을 배양함으로써 성령의 하나됨을 유지하기 위해 모든 노력을 기울일 수 있음을 상기시켜 준다. 우리 각자가 가족, 친구, 동료, 동료 교인, 그리고 인생의 길에서 만나는 사람들과 함께 이렇게 할 때, 우리는 친족이 연합하여 함께 사는 것이 얼마나 선하고 즐거운 일인지 경험할 뿐만 아니라, 시편 기자가 주님의 축복이라고 밝힌 "영원한 생명"을 경험하게 될 것이다(시 133:3). 선교적 신학은 예수님이 요구하신 제자도의 특성을 가져오는 사상과 실천의 명료화와 배양을 통해 교회의 연대를 촉진하기 위해 노력한다. 교회의 연합은 교리적, 신학적 획일성이나 합의가 아니라 예수님이 선포하신 하나님 나라와 일치하는 개인적, 공동체적 형성을 발전시킴으로써 유지된다.

연대와 다양성

기독교 공동체 간에 가시적인 연합을 유지하는 데 있어 어려움 중 하나는 개인적인 개인주의와 자율적 자아의 개념뿐만 아니라 교회와 관련된 종파적인 개인주의로 이어지는 사회에 만연한 개인주의에서 비롯된다. 이는 특정 교회나 전통만이 진리의 유일한 전달자이며 복음을 증거하는 유일하게 적절한 방법이라고 생각하게 될 때 발생한다. 이런 개념은 개인주의적 교회론의 산물로서, 교회가 표현의 다양성 속에서도 세상 속에서 그리스도의 한 몸으로서 상호 연결되어 있음을 이해하지 못하는 것이다.

선교적 소명과 일치하는 방식으로 교회를 섬기는 신학은 성령님의 역사와 성경의 증거에 따라 교회의 연합을 촉진하고 보존하기 위해 노력해야 한다. 선교적 신학은 교회의 연합을 촉진하고 유지하는 기독교 신앙의 구성과 공식화, 그리고 분열되지 않고 하나이며 세상 속에서 그리스도의 몸인 교회라는 은유가 불러일으키는 상호 연결성과 연대를 발전시키려고 노력한다. 교회 간의 상호 연결성과 연대는 교회의 선교적 소명과 관련된 이중적 책임, 즉 특정한 사회적, 문화적, 역사적 상황의 맥락에서 복음을 지역적으로 증거하는 동시에 교회 전체의 역사적, 세계적 표현에 충실해야 한다는 것을 상기시켜 준다.

한 가지 덧붙일 것은, 하나의 신앙이 다양한 표현을 취하지만, 하나의 신앙에 대한 모든 표현이 적절한 것은 아니라는 점이다. 어떤 것은 문제가 있기 때문에, 선교적 신학의 중요한 측면은, 3장에서 논의한 바와 같이 교회의 선포와 실천을 평가하는 지속적인 과정이다. 교회의 연합은 단순히 그 자체의 목적이 아니라, 세상을 향한 선교에서 그것이 이루어질 때 복음의 진리와 하나님의 말씀이 중심이 되는 연합이어야 한다.

흔히 상상하는 연합의 유형은 보편적 신학이나 공통 전례의 실행 또는 성경 해석의 올바른 원칙에 대한 공동의 이해에 동의하는 교회의 연합이다. 과거에 공통의 고백과 신학에 도달하기 위해 많은 세계 교회의 대화가 추구되어 왔다. 이를 위해 다양한 통찰력을 통합하고 다른 것을 거부하는 용광로에서 기독교 신앙의 단일한 표현이 나오고, 이를 통해 교회의 연합을 확보하려 했다. 일부 사람들은 암묵적으로, 다른 사람들은 명시적으로 교회가 이런 종류의 공통된 신학적 표현을 제외하고는 이런 연합을 나타낼 수 없다고 제안하는데, 이는 진리의 타협에 해당하기 때문이다. 여기서 위험은 연합을 획일성과 동일시하는 것이다.

이 책에서 전개하는 선교적 신학의 표현에는 다른 연합의 개념이 있다. 그것은 연합을 다양성의 가치를 긍정할 뿐만 아니라 세상에서 하나님의 사랑을 실천하는 데 필요한 요소로서 하나님의 선교와 직접적으로 연결하는 것이다. 이런 관점에서 볼 때, 신학과 성경 해석의 문제에서 완전한 일치와 공통점을 기대해서는 안 된다. 그렇다면, 다양한 신학을 가진 다양한 교회에서 교회의 연합은 어디서 찾을 수 있을까?

이런 상황과 기독교 전통의 연대를 위해 제기되는 도전에 대해 선교학자 앤드루 월스는 "과연 역사적인 기독교 신앙이 존재하는가?"라는 도발적인 질문을 던진다. 전통의 다형적 특성을 설명하고 연합과 연대에 대한 질문을 제기하기 위해, 그는 유익하고 영리한 예를 제시한다.[1] 그는 기독교를 연구하기 위해 몇 세기마다 지구를 방문하는 장수하는 우주 방문자인 "행성 간 비교종교학 교수"를 상상해 보라고 권유한다. 첫 번째 지구 방문에서, 그는 모두 유대인이며 나사렛 예수의 가르침의 관점에서 유대교를 실천하는 최초의 예루살렘 기독교인들을 방문한다. 그들은 성전에 모여 동물 제사를 드리고, 일주일 중 일곱째 날에는 모든 일을 철저히 삼가고, 남자 자녀에게 할례를 행하며, 정기적으로 특정 의식을 행하고, 히브리어 성경에 담긴 율법과 선지자들의 가르침을 주의 깊게 읽고 따른다. 그러나 다른 유대인들과는 달리 그들은 예수를 성경에 묘사된 메시아, 인자, 고난받는 종으로 여긴다.

다음 방문에서, 그는 325년 니케아 공의회에 참석한다. 이 회의에 참석한 사람들은 지중해 주변의 다양한 지역에서 온 미혼 남성들로, 그들 중 유대인은 한 명도 없으며, 일부는 유대인을 매우 적대적인 용어로 지칭하기도 한다. 이들은 "제사"를 동물이 아닌 빵과 포도주로 대신하며, 남자아이들의 할례를 거부한다. 그들은 일주일의 일곱째 날이 아니라, 첫날에 예배를 드린다. 그들은 예루살렘 기독교인들이 사용하던 율법서

---

1 Andrew F. Walls, *The Missionary Movement in Christian History: Studies in the Transmission of Faith* (Maryknoll, NY: Orbis, 1996), 3-7.

를 번역하여 읽지만, 학자가 예루살렘을 처음 방문했을 당시에는 존재하지도 않았던 책들도 중요하게 여긴다. 또한 호모우시오스("동일 본질")와 같은 특정 철학적, 신학적 단어에 대한 정확한 정의를 내리는 데 관심을 보이며, 일반적으로 예수를 사람의 아들 또는 고난받는 종보다는 하나님의 아들 또는 주님으로 지칭한다.

3세기가 지난 후, 그는 아일랜드를 방문하여 얼어붙은 물속에 서서 시편을 암송하고, 다른 사람들과 상대적인 고립 상태에서 기도하며, 기괴한 참회 행위를 하며 거룩한 삶을 추구하는 기독교 수도사들을 발견한다. 이 수도사들은 또한 다른 사람들에게 예수를 자연의 신들이 아닌 하나님으로 숭배하도록 설득하기 위해 목숨을 걸고 긴 여정을 떠난다. 이들은 니케아 공의회에서 사용된 것과 동일한 성경의 필사본을 쓰고 아름다운 삽화를 그리며 부활절의 정확한 날짜를 결정하는 데 큰 비중을 두는 것 같다. 그들은 공의회에서 발전된 신조를 암송하지만, 그들의 철학적 또는 신학적 관심사는 같지 않다.

1840년대에 교수는 런던에서 열린 기독교 집회를 방문하는데, 연사들은 아프리카에서의 선교 및 상업 활동과 노예제 폐지를 홍보하고 있다. 집회에 참석한 많은 사람이 초기 기독교인들이 사용했던 책의 영어 번역본을 가지고 있었지만, 그들은 같은 정도의 가난에 시달리는 것 같지는 않다. 수도사들과 마찬가지로 그들은 거룩함을 강조하지만, 거룩함이 차가운 물에 서 있거나 다른 사람들과 고립된 채 사는 것과 관련이 있다는 생각은 완전히 거부한다.

마지막 방문지는 20세기 후반 나이지리아 라고스로, 그곳에서 흰옷을 입은 사람들이 교회로 가는 도중에 길거리에서 춤을 추고 찬송을 부른다. 그들은 예배를 통해 치유를 받고 하나님의 특별한 메시지를 받는 등 하나님의 능력을 경험한다고 말한다. 그들은 런던 회중의 생활 방식과는 상당히 거리가 멀며, 아일랜드인처럼 금식하지만, 특정한 경우에만 그렇게 한다. 그들은 런던 회중과 동일한 성경을 사용하지만, 설교, 기적적인 신체 치유 및 개인적인 환상에서 오는 힘에 초점을 맞추고 있다.

이런 다양성을 탐구하면서, 월스는 역사적 기독교를 구성하는 다양한 공동체, 신념, 관습에 관한 관찰을 통해 어떤 결론을 도출할 수 있는지 묻는다. "문제는 모두 기독교인이라고 주장하는 이 다섯 집단이 서로 다른 것에 관해 관심이 있는 것처럼 보인다는 것이 아니다. 한 그룹의 관심이 다른 그룹에는 의심스럽거나 심지어 혐오스러운 것으로 보일 수 있다."[2] 언급된 다양한 공동체들 사이에서 일관성을 찾을 수 있을까? 이런 다양한 집단이 모두 자신을 기독교인이라고 생각하고 이 공통된 이름을 공유한다는 단순한 사실을 넘어 식별할 수 있는 종교적 전통의 참여자였다고 합리적으로 주장할 수 있을까? 월스는 이에 대해 긍정적으로 대답하며, 공통의 기독교 전통을 형성한 두 가지 측면을 언급한다. 첫 번째는 "역사적 연관성"이고, 두 번째는 언급된 집단 사이에 존재하는 "본질적 연속성"이다.

역사적 연관성을 살펴보면, 유대인 기독교인들은 그리스 이방인들에게 복음을 전했다. 이 이방인 기독교인들이 살았던 고전 그리스 또는 헬레니즘 문화는 로마 제국에서 지배적인 기독교의 개념을 형성했다. 로마 세계와 그 제도 및 지적 전통이 무너지면서 기독교는 아일랜드에서 계

---

2 Walls, *Missionary Movement*, 5.

속 이어졌고, 수도사들이 유럽을 복음화했다. 결과적으로, 유럽인들의 세계 복음화와 함께 기독교의 가장 최근 단계인 세계 교회가 출현했다. 이런 선교와 복음화의 역사는 복음의 전파와 함께 실패와 비극으로 특징지어지지만, 이런 공동체들 사이에 선교라는 공통된 주제와 단순히 자신의 목적을 위해서가 아니라 예수님 안에서 알려주신 하나님의 부르심과 의도와 관련된 세상에서 목적을 위해 존재한다는 지속적인 감각을 가리킨다. 기독교 공동체는 "이미 시작되었지만, 아직 완성되지 않은 하나님의 통치를 전파하고, 섬기고, 증거하는 예수님의 선교를 계속 수행하면서 교회로 존속하고, 이 과정에서 계속 성장하고 변화하며 변혁된다."[3]

이런 역사적, 선교적 연관성 외에도, 월스는 본질적인 연속성을 확인한다. "이렇게 다양한 집단들의 다양한 진술이 넘쳐나는 가운데, 그것을 표현하는 언어가 다양한 만큼이나 변하지 않는 한 가지 주제, 즉 그리스도라고 불리는 예수의 인격이 궁극적인 의미를 지닌다는 사실이 존재한다."[4] 다양성과 풍요로움 속에서도 교회는 예수님에 대한 헌신을 통해 시간과 공간을 초월한 연대를 경험한다. 또한 월스는 다양한 집단이 모두 의례에서 빵과 포도주, 물을 사용하며, 모든 집단이 동일한 고대 문헌에 호소하지만, 이런 문헌에 대한 해석은 상당히 다양하고 종종 서로 상충하는 경우도 있다고 지적한다. "더욱 놀라운 점은 의식(consciousness)의 연속성이다. 각 집단은 시간과 장소가 매우 다르고, 주요 관심사 중 많은 부분에 대해 명백히 동조하지 않음에도 불구하고 스스로를 다른

---

[3] Stephen B. Bevans and Roger P. Schroeder, *Constants in Context: A Theology of Mission for Today* (Maryknoll, NY: Orbis, 2004), 33.

[4] Walls, *Missionary Movement*, 6.

집단과 어떤 공동체를 이루고 있는 것으로 생각한다."⁵ 그는 이런 현실이 하나의 기독교 전통을 구성하는 복수의 공동체와 전통의 본질적인 연속성을 반영한다고 결론을 내리면서, "이런 연속성은 환경에 속한 무거운 베일로 가려져 있어서 다른 시대와 장소의 기독교인들은 종종 다른 사람들이나 심지어 자신조차도 하나의 현상의 표현으로 인식할 수 없을 것"이라고 인정한다.⁶ 기독교 전통의 엄청난 다양성을 설명하면서, 월스는 기독교의 역사는 항상 교회의 선교적 확장과 증거의 일부였으며 복음 자체의 본질에서 그 근거를 찾을 수 있는 두 가지 상반된 경향 사이의 투쟁이었다고 말한다. 그는 이를 "토착화 원리"와 "순례자 원리"라고 부른다.⁷

앞서 언급했듯이, 토착화 원리는 하나님이 우리의 과거나 현재 현실에 근거하지 않고, 그리스도의 사역을 통해 우리가 있는 곳에 오셔서 우리를 받아들이신다는 복음적 확언에 뿌리를 두고 있다. 이런 수용은 하나님이 우리를 고립된 개인이 아니라 우리가 살고 있는 시대와 장소, 그리고 우리가 속한 특정한 가족, 사회, 집단, 문화에 의해 형성된 사람으로 관계하신다는 것을 나타낸다. 하나님은 그리스도 안에서 우리를 형성하는 모든 상황, 경험, 관계 속에서 우리를 받아들이신다. 사회적 관계와 우리가 속한 사회로부터 우리 자신을 분리할 수 없기 때문에 토착화, 즉 기독교인인 동시에 특정 사회, 문화, 민족 집단의 구성원으로서 살아가려는 확고한 헌신은 기독교 전통에서 최고의 특징이었다.

---

5 Walls, *Missionary Movement*, 6-7.
6 Walls, *Missionary Movement*, 6-7.
7 Walls, *Missionary Movement*, 7-9.

사도행전 15장에서, 이방인들이 유대인 기독교인의 의식과 관습에 얽매이지 않고 신앙을 가질 수 있도록 허용해야 한다는 예루살렘 공의회의 결정은 이 토착화 원리를 확인해 준다. 이 중 가장 중요한 결정은 이방인 남성 개종자가 할례를 받을 필요가 없다는 것이었다. 하나님이 사람들을 있는 그대로 받아들이신다는 확언은 과거에 할례, 음식법, 정결 의식과 같은 관습에 참여하지 않았던 사람들이 그리스도의 제자 공동체의 일원이 되기 위해 그렇게 할 필요가 없음을 의미한다. 이런 점을 고려할 때, 월스는 특정 기독교인 그룹이 "그리스도의 이름으로 다른 기독교인 그룹에 다른 시간과 장소에 의해 결정된 삶에 대한 일련의 가정을 강요할 권리가 없다"고 주장한다.[8] 기독교 신앙의 모든 표현은 비록 그것이 초문화적 가치를 표현하려고 시도하더라도, 그것을 철저하게 형성하는 특정한 사회적 환경에서 비롯된다.

토착화 원리와 긴장 관계에 있는 순례자 또는 변혁 원리는 복음과도 밀접하게 연결되어 있다. 하나님은 사람들을 그들이 있는 곳에서 있는 그대로 만나시지만, 복음의 의도는 변화라는 것 또한 사실이다. 하나님은 그리스도 안에서 복음의 능력으로 변화되어 세상에서 하나님의 선교에 참여하도록 우리를 부르신다. 이런 변혁에 대한 부르심은 문화와 경험을 긍정하는 토착화 원리에 비추어 보더라도, 그리스도를 따르는 사람들이 자신의 문화적, 역사적 환경과 완전히 일치하지 않는다는 것을 알게 됨을 의미한다. 변혁의 원리는 기독교인들에게 우리가 이 세상에 완전히 정착할 수 없으며, 항상 우리의 마음과 삶을 새롭게 하고 우리 사회

---

[8] Walls, *Missionary Movement*, 8.

의 많은 사회적, 문화적 패턴에 순응하는 것을 거부해야 한다는 사실을 상기시켜 준다. 다시 말해, 그리스도에 대한 신실함은 종종 우리를 우리 문화와 동떨어지게 만든다.

기독교인은 토착화 원리에 따라, 자신이 양육된 관계와 사고방식과 적절하게 관계를 유지하며 그리스도 안에서 새로워지기를 추구하지만, 변혁 원리에 따라, 그리스도 제자 공동체의 일부인 다른 사람들과 완전히 새로운 관계 맺는다. 이런 관계는 하나님이 우리를 받아주신 것처럼 다른 사람들과 그들의 모든 집단 관계를 받아들이는 동시에, 하나님의 뜻과 선교에 따라 그리스도 안에서 모든 것의 변화를 추구할 것을 요구한다. 모든 기독교인은 이중 국적을 가지고 있으며 그리스도 안에서 여러 기독교 신앙 공동체에 충성한다. 이런 충성과 헌신은 우리를 우리 자신의 친밀한 집단을 넘어 문화적, 역사적 가정과 전제에 의해 우리가 헌신하는 바로 그 일에 자연스럽게 반대하는 개인과 그들의 공동체로 연결한다. 이런 관계에 더하여, 기독교인은 모든 역사에 걸친 하나님의 백성과 우리를 연결해 주는 입양된 과거가 주어진다. 이런 식으로 "국적과 관계없이 모든 기독교인은 수천 년 동안 다른 누군가의 역사에 입양되어 자신의 다른 문화적 유산과 반드시 일치하지 않는 사상, 개념 및 가정을 가지고 있다. 그리고 모든 땅의 교회는 인종과 사회 유형과 관계없이 신앙의 근본을 해석해야 하는 동일한 입양된 과거를 가지고 있다."[9]

이런 원칙은 기독교 전통의 역사를 통해 표현되어 온 신앙의 복잡성과 복수성을 가리키며, 예수 그리스도의 복음을 증거할 때 이런 복수성

---

9 Walls, *Missionary Movement*, 9.

에 대해 책임져야 하는 우리의 소명을 가리킨다. 그것은 또한 기독교 공동체가 복음, 교회, 신학의 모든 표현에서 문화의 중요성을 확인하면서, 선교적 다양성 가운데 연대의 기초로 작용할 수 있다.

이런 결론을 언급하면서, 스티븐 베반스와 로저 슈뢰더는 윌스가 설명한 이런 본질적 연속성에 대해 "기독교가 선교 활동에서 자신을 변화시키면서 스스로를 유지하는 수단"이라고 말한다. "언어, 상황, 문화의 차이에도 불구하고 기독교의 선교적 본질을 정의하는 일정한 상수(constraints)가 존재한다."[10] 이는 기독론과 교회론의 상수와 연결되는 것으로 요약할 수 있다. 기독론적으로, 나사렛 예수는 항상 이런 다양한 공동체의 중심에 있으며 궁극적인 의미를 지니고 있다. 그를 신뢰하고 따르고자 하는 의도가 이런 공동체의 존재 이유를 형성한다. 교회와 관련하여, 베반스와 슈뢰더는 기독교 공동체가 성경의 중요성, 세례와 성만찬을 가장 잘 실천하는 방법, 세상에서 자신이 누구인지에 대해 서로 다른 개념을 가지고 있음에도 불구하고, 스스로를 말씀과 성찬을 통해 세상에서 일하기 위해 "양육되고 준비된" 공동체로 인식하고 있다고 지적한다. 베반스와 슈뢰더는 이런 상수의 구체적인 내용은 동일하지 않지만, 기독교는 "예수를 그리스도로 믿는 믿음과 신학이 없는 것이 절대 아니며 교회라는 이름을 가진 공동체에 대한 헌신과 이해가 없는 것이 절대 아니다."라고 결론짓는다.[11]

베번스와 슈뢰더는 이 두 가지 상수, 즉 예수 그리스도의 중심성과 선교 활동에서 예수 제자들의 교회적 성격(공통의 책, 공통의 유산, 공통의 의

---

[10] Bevans and Schroeder, *Constants in Context*, 33.
[11] Bevans and Schroeder, *Constants in Context*, 33.

식에 대한 충실성으로 표현됨) 외에도 종말론, 구원, 인류학, 문화 등 네 가지를 추가로 제안한다. 이런 관심사와 세상에서 선교에 헌신하는 공동체에 지속해 제기되는 질문과 도전이 모두 역사와 문화 전반에 걸쳐 교회의 삶과 증거를 형성해 온 기독교 신앙에 대한 이해에 필수적이다. 따라서 그들은 공통의 관심사와 씨름하는 공동의 선교를 위해 예수 그리스도의 살아계신 임재를 중심으로 모이는 공동체로서 교회의 연합을 구성한다. 기독교적 연대는 이런 관심들에 대한 정해진 획일적인 해답에서 찾을 수 있는 것이 아니라 그들이 제기하는 공통의 질문에서 찾을 수 있다. "예수, 교회, 미래, 구원, 인간 본성과 인간 문화에 대한 이런 질문에 대한 답은 교회가 다양한 상황에서 그 선교적 본질을 실천해 온 지난 2천 년의 기독교 경험을 통하여 확실히 다양해졌다. 하지만 이는 여전히 현재진행형이며 시급한 질문들이다. 왜냐하면, 이에 어떻게 답하느냐 하는 것이 기독교가 예수님의 선교에 충실하면서 자신의 구체적인 정체성을 발견할 수 있는 길이기 때문이다."[12]

여기서 우리는 역사와 문화 전반에 걸친 교회의 연합이 성령님의 능력으로 예수 그리스도를 통해 하나님이 세상에 보내신 공동체로서 공통된 선교적 소명과, 윌스, 베반스, 슈뢰더가 언급한 "본질적 연속성" 또는 "상황 속에서의 상수"로 표현되는 공통의 신학적, 실천적 관심사에서 식별될 수 있음을 알 수 있다. 이런 공통의 연결은 특정하고 다양한 기독교 공동체가 하나님의 선교라는 공통의 선교에 다양한 방식으로 참여할 때 과거, 현재, 미래의 기독교 연대를 위한 신학적, 실천적 기초를 제공한다.

---

[12] Bevans and Schroeder, *Constants in Context*, 34.

C. S. 루이스는 그의 대표작인 『순전한 기독교』의 첫 페이지들에서 이런 노선에 따라 교회에 관해 매우 유용한 사고방식을 제시했다. 그는 교회를 설명하기 위해 "여러 개의 방으로 통하는 문들이 열려 있는 홀"이 있는 집의 은유를 사용한다. 그 홀은 "순전한" 기독교를 상징하고, 방은 교회에 있는 기존의 공동체와 전통을 상징한다. 루이스는 이 책의 목표가 독자들이 홀 안으로 들어가는 길을 찾도록 돕는 것이라고 말한다. 하지만 독자들은 "순전한 기독교"가 기존 공동체의 신조, 신앙고백, 관습에 대한 대안이라고 생각해서는 안 된다. 그의 말대로, "화로와 의자와 식사는 홀이 아니라 방에 있기 때문이다. 홀은 대기하는 장소이자 다양한 문으로 들어가는 장소이지 생활하는 장소가 아니다. 그런 목적이라면 최악의 방(그것이 무엇이든 간에)이 더 바람직하다고 생각한다." 다시 말해, 홀은 그리스도인의 연합을 위한 구조를 제공하는 중요한 기능을 수행하지만, 방은 특정 공동체의 사회생활과 구조 속에서 하나님의 모든 권면이 실현되는 장소이다. 홀은 생활하는 장소가 아니라 방을 구하는 과정에서 주님의 인도하심을 기다리며 집 전체에 공통된 규칙에 순종하기 시작하는 장소이다. 무엇보다도, 이 규칙은 "어떤 페인트와 판넬이 가장 마음에 드는가가 아니라, 어떤 문이 진정한 문인지 물어야 한다"고 요구한다. 쉽게 말해, '내가 그런 예배를 좋아하느냐'가 아니라 '이 교리가 참된가, 즉 거룩함이 여기에 있는가'를 물어야 한다." 그는 자신의 방에 도착한 후에는 다른 문을 선택한 사람들에게 친절하게 대하는 것이 중요하다고 말하며 결론을 맺는다. "그들이 잘못했다면 여러분의 기도가 더욱 필요하고, 그들이 원수라면 그들을 위해 기도하라는 명령을 받은 것

이다. 이것이 집 전체에 공통된 규칙 중 하나이다."[13]

방이 많은 집에 대한 이 비유는 교회의 다양성과 연합을 개념화하는 데 도움이 된다. 이 비유는 성경 이야기에 담긴 다양한 관점, 성경의 메시지가 받아들여지는 다양한 사회적, 역사적 상황, 세상을 바라보는 다양한 사람들의 다양한 반응을 반영하여 교회가 다양하고 상황에 맞게 복음을 증거하는 것으로 묘사한다. 이런 다양한 공동체는 그리스도의 임재, 그분의 선교에 참여하려는 공동의 헌신, 공유된 역사적 연속성, 그리고 전체 공동체에 공통된 일련의 관심사와 실천을 중심으로 통합된다.

이런 다양성 가운데, 기독교 공동체 전체의 삶에 활기를 불어넣는 중심에는 살아 계신 예수님이 계시는데, 그분은 풍성하고 다양한 방식으로 경험된다. 이런 각 경험은 성령님의 중재를 통해 예수님이 그리스도이심에 대한 더 큰 인식과 이해를 제공한다. "예수님이 그리스도이심, 즉 그분이 궁극적인 의미로 이해되는 방식은 교회의 다양한 역사적, 문화적 구현에서 다르게 표현되고 더 깊이 이해되지만, 예수님은 항상 그리스도이시다."[14]

선교적 기독론

그리스도에 대한 교회 이해의 역사, 기독론, 그리고 실제 살아계신 그리스도의 임재를 구분하는 것이 중요하다. 기독론은 교회의 전통에서 풍

---

[13] C. S. Lewis, *Mere Christianity* (New York: Macmillan, 1952), 11-12.
[14] Bevans and Schroeder, *Constants in Context*, 33.

부한 성찰의 역사가 있으며, 성경 증거의 다양한 요소에 기초하여 수많은 건설적인 제안을 낳았다. 하지만, 이런 제안의 특정 틀은 사실 교회의 연대를 모호하게 하고 불필요한 분열을 초래했을 수 있다. 이와 관련하여 두 가지 점이 두드러진다.

첫 번째는 복음서에 기술된 예수님의 선교와 생애에 참여함이 상대적으로 부족하다는 점이다. 논의가 삼위일체의 내적 관계, 그리스도 인격의 신성과 인성 사이의 관계, 속죄와 관련된 추상적인 질문에 더 집중하는 경향이 있었다. 이런 대화의 형태는 예수님의 삶과 사역의 세부 사항이 고전적 전통에서 이해되어 온 기독론의 주요 질문에 대해 교리적 의미가 거의 없음을 시사하는 것처럼 보일 수 있다. "일반적으로, 교의학은 복음서의 이야기 구조가 아니라 서신서의 선포 구조에 기초해 왔다."[15] 이런 경향은 또한 신학적 논의를 보다 추상적이고 지적인 맥락에 두는 것처럼 보이며, 이는 종종 증거하는 공동체의 일상생활과는 거리가 멀어 보이기도 한다. 이는 신실한 기독교가 대안적이고 구체적인 삶의 방식이기보다 일련의 올바른 신념에 관한 것이라는 인상을 줄 수 있다. 신학에 대한 이런 접근 방식은 삶으로 드러나는 신학을 중심으로 하는 성육신적 접근 방식에 비해 실체가 없는 사상을 우선시하는 경향이 있다.

둘째, 고전적 전통의 직관은 거의 독점적으로 기독교 왕국의 상황에서 형성되고 발전해 왔다. 레슬리 뉴비긴은 "서구 기독교 전통의 핵심인 예전, 신학, 교회 질서의 상당 부분이 서구 기독교 왕국이 선교사의 진출이 배제된 거의 폐쇄적인 게토였던 오랜 기간 동안 형성되었다"고 말한

---

15 Hendrikus Berkhof, *Christian Faith: An Introduction to the Study of Faith* (Grand Rapids: Eerdmans, 1979), 293.

다.¹⁶ 또한 이런 전통의 지배는 패권주의적 신학 담론의 구조와 가정에서 과소 대표되어 온 서구 이외의 기독교 공동체의 신학적 기여의 수용과 영향을 지연시켰다. 이에 따라 많은 신학도 사이에서 서구의 신학과 기독론이 비서구적 형태보다 성경 해석에 더 충실하다는 인상을 남겼다.

빌립보서 2장은 예수님과 연합하여 예수님의 길을 본받는 것, 즉 같은 마음을 품고, 같은 사랑을 가지고, 예수님과 완전히 일치하고 한 마음이 되어 이기적인 야망을 품지 않고 겸손하게 다른 사람들을 우리 자신보다 낫게 여기는 것에 관해 이야기한다. 우리는 우리 자신의 이익보다는 다른 사람들의 이익을 바라보고, 세상이 하나님이 의도하신 세상으로 변화될 수 있도록 의도적으로 참여하도록 부름을 받았다. 교회의 연합은 예수님을 본받고 그분과 연합하는 데서 발견된다. "그는 근본 하나님의 본체시나 하나님과 동등됨을 취할 것으로 여기지 아니하시고 오히려 자기를 비워 종의 형체를 가지사 사람들과 같이 되셨고 사람의 모양으로 나타나사 자기를 낮추시고 죽기까지 복종하셨으니 곧 십자가에 죽으심이라"(빌 2:6-8).

예수님의 길은 단순히 우리 문화에서 흔히 볼 수 있는 내면 중심적이거나 세속적인 영성이나 그 대안으로 여겨지는 사회적 행동주의에 관한 것이 아니다. 그것은 모든 사람이 충분하고 누구도 두려워할 필요가 없는 세상을 위한 영성 형성과 행동을 모두 포함한다. 그것은 우리가 이기심을 버리고 대신 다른 사람들의 이익에 대한 적극적인 관심을 키우도록 초대한다. 예수님의 길에 충실하다는 것은 예수님의 길을 따르는 제

---

16 Lesslie Newbigin, *The Open Secret: An Introduction to the Theology of Mission*, rev. ed. (Grand Rapids: Eerdmans, 1995), 4.

자도의 표현이자 세상의 치유를 위한 하나님의 사랑에 대한 증거로서 원수를 포함한 다른 사람들을 위해 십자가의 삶을 추구함으로써 그분의 겸손을 본받는 것을 의미한다.[17]

이는 우리가 궁극적인 진리를 추상적인 개념이나 이론에서 찾는 것이 아니라 예수 그리스도의 인격과 그분이 우리를 따르도록 초대하는 삶의 방식에서 찾을 수 있음을 시사한다. 이런 관점에서, 진리를 아는 것과 진리에 참여하는 것은 대안적인 삶의 방식을 요구하는 포괄적인 일이다. 예수님이 진리라는 확언은 우리가 일반적으로 가지고 있는 추상적인 진리 개념에 대한 정면 도전이다. 예수 안에서 우리는 진리가 단순히 지적인 것이 아니라 사랑이라는 주제로 엮인 개인적이고 관계적인 진리라는 것을 발견한다. 이는 선교적 신학이 단순히 지적인 추구가 아니라 개인적, 관계적, 지적, 영적 형성에 관심을 두는 총체적인 접근법이라는 것을 의미한다. 세상에서 하나님의 사랑을 실천함으로써 예수님을 따르는 일은 교회에 연대를 제공한다.

성경을 해석할 때, 독자로서 우리의 문화적 위치와 이것이 기독론의 발전에 미치는 의미를 기억하는 것이 중요하다. 기독론은 단순히 성경 본문의 단어뿐만 아니라 우리의 사회적 상황과 관련하여 인식하는 상황과 도전에 의해서도 형성된다. 이는 역사 속에서 기독론에 대한 다양한 접근 방식을 이해하는 데 도움이 된다. 물론 기독론의 다형적 특성은 단순히 복음이 실천되고 선포된 사회적 환경의 다양성뿐만 아니라 성경 자체의 다양성에서 비롯된 결과이기도 하다.

---

17 바울에게서 이 주제의 발전은 다음을 참조하라. Michael J. Gorman, *Inhabiting the Cruciform God: Kenosis, Justification, and Theosis* (Grand Rapids: Eerdmans, 2009).

이런 기독론적 형태의 다양성은 예수님에 관한 다양한 개념이 존재하는 현실에서 교회의 연합에 대한 질문을 다시 제기한다. 예수님이 교회의 중심이라면, 예수님이 궁극적인 의미를 갖는다면, 예수님에 관한 다양한 관점 속에서 기독교 공동체의 연합을 어떻게 이해해야 할까? 기독교 지성사의 일부였던 수많은, 때로 경쟁적인 속죄 이론을 생각해 보라. 다시 말해, 기독론에 관한 수많은 고백은 예수 그리스도가 교회와 세상의 유일한 주님이라는 공통의 고백과 어떤 관련이 있을까? 교회의 연대는 이런 여러 모델 사이에서 공통된 공식에 도달하거나 최소한 합의된 절충안에 도달하는 데 달려 있을까?

여기서 전개한 선교적 신학의 관점에서 볼 때, 대답은 '아니오'이다. 기독론적 공식의 공유는 가치 있고 중요할 수 있지만, 기독교 공동체의 연대를 위한 기초는 아니다. 오히려, 교회의 연합은 기독교 공동체에 약속된 예수님의 살아 계신 임재에서 발견되며, 비록 다른 방식으로 이해되고 실천되어 왔지만, 교회의 연합을 상징하는 성찬에서 실행된다. 이는 죄를 용서하고 세상을 죄와 죽음에서 구속하는 예수님의 선교에 참여함으로써 발견된다.

선교적 기독론은 그리스도의 인격과 사역에 관한 단일한 규범적 신학적 개념을 추구하지 않는다. 선교적 기독론은 기독론과 신학적 구성에서 복수성의 중요성을 인정하는 동시에 모든 삶에서 예수님의 인격의 중심성을 긍정한다. 급진적 문화 상대주의의 특징인 "무엇이든 상관없다"는 접근 방식에 저항하는 대신, 기독교 전통에 뿌리를 둔 "두꺼운" 또는 "신념적" 복수성을 긍정한다. 이 두꺼운 복수성은 선교사로서의 하나님의 본질과 성품, 하나님의 선교에서 예수님의 독특한 역할, 예수님과 하나님의 선교에 대한 성령님의 증거, 하나님이 계시로 말씀하신다는 믿음, 그 계시에 대한 신실한 증거로서 성경의 신뢰성에서 비롯된다.

선교적 기독론은 항상 성경과의 긴밀한 관계에 의해 형성된다. 하지만 그것은 지역 사회의 삶과 특정 사회 및 문화적 환경에 뿌리를 두고 있기 때문에, 선교적인 기독교 신념에서 비롯된 두꺼운 복수성을 특징으로 한다. 이런 기독론적 복수성은 공통의 기독교적 헌신과 성경 본문의 다양한 특수성 및 선교적 통일성에 대한 깊은 관여에서 비롯된다. 예수 그리스도의 인격과 사역에 관한 규범적 증거로서, 이 본문들은 기독론적, 신학적, 선교적 복수성을 보여준다. 예수 그리스도의 인격과 사역, 선교를 위해 파송된 교회의 본질과 사명에 대한 패러다임적 증거로서, 그들은 그리스도의 인격과 사역의 충만함이 교회의 증거와 세상의 삶에서 점점 더 분명하게 드러날 수 있도록 더 큰 복수성을 초대한다. 이런 식으로 교회는 하나님의 선교에 창조적인 공동체적 참여로 초대되어 예수 그리스도 안에서 알려진 하나님의 사랑의 기쁜 소식이 모든 종족과 민족에게 확장되고 문화적으로 적합한 관용어로 실천될 수 있다. 하지만, 궁극적으로 교회의 연대는 이런 기독론들이 아니라 살아계신 그리스도의 임재에서 찾을 수 있다.

그리스도의 임재, 성령님의 역사, 사랑의 길

신학적, 실천적 관심사, 본질적 연속성, 상황적 불변성, 전 교회적 기독론의 공통 요소는 중요하고 유익하지만, 그것이 교회를 하나로 묶어주는 것은 아니다. 교회 연대의 가장 중요한 기초는 기독교 공동체 안에 그리스도와 성령님이 지속해 임재하시는 것이다. 우리는 세례와 성찬을 통해 이런 임재를 기념하며, 이런 의식들이 이해되고 실행되는 방식은 다양하지만, 예수님이 지속해서 우리와 함께 계시고 그분의 선교에 동참하는 우리의 연대를 상징하는 역할을 한다.

제자로 삼아 세상을 구속하려는 그리스도의 선교에 동참할 때, 우리는 그분이 우리와 함께하신다는 약속을 경험한다. "볼지어다 내가 세상 끝날까지 너희와 항상 함께 있으리라 하시니라"(마 28:19-20). 교회의 연합은 기독교의 가르침과 실천과 관련된 문제에 대해 다양한 공동체 간에 완전한 합의를 추구함으로써 찾을 수 있는 것이 아니다. 기독교적이든 그렇지 않든 역사상 다양한 공동체의 특수한 사회적, 문화적, 역사적 상황을 반영하는 공통의 교리 진술과 고백은 교회의 삶과 증거에서 여전히 중요하지만, 교회의 연합은 거기서 찾을 수 있는 것이 아니다. 교회의 연합은 선교, 성경, 특정 실천에 대한 헌신 속에서 궁극적으로 그분의 제자들에게 약속된 그리스도의 살아 계신 임재에서 발견된다. 예수 그리스도는 성령님의 은사와 증거를 통해 그리스도인의 삶과 섬김의 본보기일 뿐만 아니라 기독교 공동체 한가운데 살아계신 분이시다. 하지만, 기독교 공동체에 연대를 제공하는 바로 이 임재는 교회의 선교적 다양성에 따라 다양한 방식으로 경험된다. 신학자 토마스 오든은 다음과 같이 말한다.

> 기독교 전통의 원은 하나의, 통일된 중심을 갖지 않고 비정상적으로 넓은 둘레를 가지고 있다. 다양한 전통을 하나로 묶는 것은 그리스도의

살아 계신 임재이지만, 그 하나의 임재는 매우 다양한 방식으로 경험된다. 그리스도의 임재는 예전적 전통에서는 성례전적으로, 카리스마 전통에서는 영적으로, 자유주의 전통에서는 도덕적으로 영감을 주는 것으로, 경건주의 전통에서는 사회적 실험의 근거로, 스콜라 전통에서는 교리적 스승으로, 그리스 정교회 전통에서는 개인과 사회를 성화시키는 힘으로, 로마 가톨릭 전통에서는 자연을 완성하는 은총으로, 복음주의 전통에서는 성경 말씀으로 경험된다. 이 모든 전통과 그들이 헤게모니를 잡았던 시대는 놀랍도록 다양한 방식으로 살아나시고 부활하신 그리스도를 경험했다. 그러나 이 넓은 둘레의 중심을 이루는 것은 살아 계신 그리스도뿐이다.[18]

하나의 몸이라는 교회에 대한 은유는 살아 계신 그리스도에 대한 다양한 경험과 그 주변에 형성된 기독교 전통의 역사적 공동체가 세상에 있는 하나의, 거룩하고, 보편적이며, 사도적인 그리스도의 몸과 어떻게 관련되어 있는지를 파악하는 데 도움이 된다. 성령님은 전체 교회의 교화를 위해 몸의 많은 부분에 다양한 은사를 주셔서 하나의 몸, 하나의 교회를 형성하는 일을 하신다. "은사는 여러 가지나 성령은 같고 직임은 여러 가지나 주는 같으며 또 사역은 여러 가지나 모든 것을 모든 사람 가운데서 이루시는 하나님은 같으니 각 사람에게 성령을 나타내심은 유익하게 하려 하심이라"(고전 12:4-7). 교회의 다양성은 교회가 진리의 복수성을 증거할 수 있게 하는 성령님의 역사이다. 각 지체는 특별한

---

18 Thomas C. Oden, *After Modernity* … *What? Agenda for Theology* (Grand Rapids: Zondervan, 1990), 176-77.

은사를 가지고 있으며 예수 그리스도 안에서 계시된 진리의 사건에 대한 특별한 이해에 기여하며, 이는 한 분의 공통된 주님을 섬기는 몸 전체의 덕을 세우기 위함이다. "몸은 하나인데 많은 지체가 있고 몸의 지체가 많으나 한 몸임과 같이 그리스도 그러하니라 우리가 유대인이나 헬라인이나 종이나 자유자나 다 한 성령으로 세례를 받아 한 몸이 되었고 또 다 한 성령을 마시게 하셨느니라 몸은 한 지체뿐만 아니요 여럿이니"(12:12-14).

덧붙여서, 교회의 여러 부분은 상호 의존적이다. 그들은 서로가 필요하다. 그들은 몸 전체와의 관계를 떠나서는 부름을 받은 선교를 완수할 수 없다. 어느 한 부분만으로는 해야 할 일을 다 할 수 없고, 해야 할 말을 다 이해할 수 없기 때문이다. "만일 온몸이 눈이면 듣는 곳은 어디며 온몸이 듣는 곳이면 냄새 맡는 곳은 어디냐 그러나 이제 하나님이 그 원하시는 대로 지체를 각각 몸에 두셨으니 만일 다 한 지체뿐이면 몸은 어디냐 이제 지체는 많으나 몸은 하나라"(12:17-20). 따라서 교회의 어떤 부분도 나머지 부분과 독립적이지 않다. "만일 한 지체가 고통을 받으면 모든 지체가 함께 고통을 받고 한 지체가 영광을 얻으면 모든 지체가 함께 즐거워하느니라 너희는 그리스도의 몸이요 지체의 각 부분이라"(12:26-27).

이것은 지역 교회와 보편 교회 모두와 관련하여 이해되어야 한다. 지역 교회의 다양한 구성원이 자신이 속한 특정 공동체의 덕을 세우는 데 기여하는 것과 마찬가지로, 모든 기독교 공동체는 각자 고유한 은사를 가지고 있지만 더 큰 그리스도 몸의 일부에 불과하다고 보아야 한다. 그 자체만으로는 선교적 소명을 완수하고 진리의 복수성을 충분히 증거할 수 없다. 몸의 비유에서 알 수 있듯이, 각 구성원은 전반적인 건강을 위해 서로에게 의존한다. 성령님이 그리스도 몸의 한 지체에 주신 은사, 신학적 통찰력, 특정한 교회적 관행은 교회 전체의 유익과 교화를 위한 것이지만, 이 중 어느 것도 모든 시대와 장소에 적합한 것은 아니다.

이는 보편적 신학의 유혹에 대한 또 다른 경계 역할을 한다. 다른 신학적 전통과 관점의 통찰로부터 배우려고 노력하고 다양한 관점의 원탁에 모인 각자의 중요한 기여를 인정할 때, 모든 신학과 성찰의 전통이 더욱 풍성해질 것이다. 하지만, 후스토 곤잘레스가 말했듯이, 이것이 "이제 우리가 해야 할 일은 단순히 진정한 '보편적' 신학을 구축하기 위하여, 이런 다양한 관점의 모든 공헌을 하나로 모으는 것"을 의미하지는 않는다. 그러한 '보편적' 신학은, 설사 그것이 가능하다고 하더라도, 진정한 보편성이 없을 것이다. 이는 모든 차이가 해소된 복음서의 '조화'가 복음에 대한 사중적인 증거를 대신할 수 없는 것과 같은 이유이다. 이런 식으로 사용될 때, '보편적'(universal)은 '범기독교적'(catholic)의 동의어가 아닌 반의어이다."[19] 특정 집단의 관점이 필연적으로 신학에 영향을 미친다는 점을 고려할 때, 보편성에 대한 주장은 문화적 특권을 가진 사람들의 관점에서 만들어진 신학에 지나지 않는다.

대신, 교회의 많은 부분이 상호 의존적인 특수성을 특징으로 하는 연합과 연대에 함께 참여하도록 부름을 받았다. 각 부분은 예수 그리스도

---

[19] Justo L. González, *Out of Every Tribe and Nation: Christian Theology at the Ethnic Roundtable* (Nashville: Abingdon, 1992), 26.
영어 universal과 catholic은 동일하게 '보편적'이라고 옮기는 경우가 많기 때문에 번역에 어려움이 있다. 신학과 관련하여 그 의미를 풀어 보면, universal 은 '세상 모든 곳에 적용될 수 있는'이라는 의미가 있다. 근대 서양 신학은 보편적(universal) 특성을 전제하며 주장하는 경향이 있다(옮긴이).

안에서 알려진 복음의 진리에 대한 구체화한 증거의 일부, 오직 일부일 뿐이다. 모두는 그들이 처한 특정한 사회적, 역사적 상황과 성령의 은사에 따라 하나님의 선교에 그들의 역할을 수행하도록 부름을 받았다. 모두는 하나의 교회를 교화하고 세우는 데 주고받을 은사를 가지고 있다. 모두는 다른 사람의 증언과 교회의 삶과 관행에 대한 비판적 성찰의 훈련이 필요하다. 기독교 공동체의 복수성은 극복해야 할 문제가 아니라 모든 사람을 예수 그리스도의 자유롭게 하고 화해하게 하는 복음 사역에 참여하도록 초대하시는 하나님의 의도이자 축복이다. 바울이 몸에 대한 비유의 결론에서 말한 바와 같이, 이것이 성취될 수 있는 수단은 사랑의 길이다(고전 13:1-13). 선교적 신학의 목적은 예수 그리스도와 서로 연대하여 세상 안에서 그리고 세상을 위해서 하나님의 사랑을 실천함으로써 하나님의 선교에 참여하는 공동체이다. 하나님의 선교에 대한 이런 공동의 참여는, 예수 그리스도의 살아 계신 임재와 결합하여 하나님, 예수님, 서로, 그리고 모든 피조물과 연대하여 역사와 문화 전반에 걸쳐 다양한 기독교 공동체를 하나로 묶는다.

에필로그

"모든 사람이 충분하고 누구도 두려워할 필요가 없는 세상." 이 책 전체에서 여러 번 반복되는 이 문구는 태초부터 의도되고, 아브라함과의 언약에서 시작되어, 예수 그리스도 안에서 출범한 하나님 나라를 간략하게 요약한 표현이다. 선교적 신학의 최종 목표는 이 하나님의 의도를 세상 사람들에게 생생한 현실, 즉 하나님의 뜻이 하늘에서 이루어진 것 같이 땅에서도 이루어지는 현실로 만드는 데 참여하는 것이다.

선교적 신학은 학문적 또는 이론적 형태로 표현될 수 있고, 물론 그것도 중요하지 않은 것은 아니지만, 그런 표현이 결코 사안의 끝이 될 수는 없다. 선교적 신학은 세상을 위해 공동체의 삶 속에서 실천되어야 한다. 선교적 신학은 환대, 돌봄, 용서, 옹호, 정의, 예배의 실천과 함께 형성 및 참여에 관심을 기울인다. 이런 방식으로, 선교적 신학은 항상 실천적이면서도 공공적이다. 실천적이라는 것은 행동하고 살아야 하기 때문이고, 공공적이라는 것은 신념을 공유하는 사람들 사이의 사적인 관심사가 아니라 모두의 공동선을 위한 것이기 때문이다.

선교적 신학은 교회의 삶 속에서 실천되고 구체화하지만, 그 의도는 항상 기독교 공동체의 지평 너머에 있다. 선교적 신학은 교회가 자신을 넘어 교회가 위치한 더 큰 사회의 공동선을 바라보도록 요구한다. 우리가 다른 사람들과 공유하는 복수적이고 상호 연결된 세상에서, 궁극적으로 하나님이 창조에서 구상하신 평화와 평온을 확립하는 유일한 방법은 모든 사람의 번영을 가능하게 하는 것이다. 그 비전의 충만함을 향해 노력하는 것이 선교적 신학의 핵심이다. 선교적 신학은 하나님의 선교와 예수님이 선포하신 하나님 나라에 관한 기쁜 소식에 부합하는 신학을 가리킨다.

이런 목적을 염두에 두고 이 책에서는 선교적 신학 접근법을 정립하는 작업에서 특별히 중요한 다섯 가지 요소를 간략하게 설명한다. 각 요소의 윤곽을 요약해서 간략히 소개하겠다.

첫째, 하나님의 선교와 목적에 대한 설명을 제공하는 것이 중요하다. 전교회적, 선교학적 합의가 주장하듯이, 하나님이 본질적으로 선교의 하나님이라면, 선교는 더 이상 교회가 아니라 하나님의 영원한 본성에서 그 근거를 찾아야 한다. 따라서 선교는 하나님으로부터 세상으로의 운동으로 이해되며, 교회는 하나님의 선교에 참여자이며 증인으로 기능한다. 따라서 하나님의 목적에 대한 설명을 제공하는 것은 필수적인 신학적 과제이다.

또한 하나님의 선교는 세상에서 하나님 목적의 본질과 충만함을 이해하는 데 중심이 되는 광범위한 주장에 대한 명료한 설명이 필요하다. 하나님의 선교는 (1) 이스라엘과 맺은 하나님 언약의 핵심이며, (2) 이스라엘과 초기 기독교 공동체의 삶에서 수 세기에 걸쳐 지속해 전개되는 성경 발전의 근본적인 기초이며, (3) 예수 그리스도 안에서 하나님의 계시의 궁극적인 목적이자 그의 삶, 사역, 죽음, 부활의 맥락이며, (4) 사람들을 부르시고, 인도하시고, 능력을 주시기 위해 보내신 성령님의 지속적인 사역의 기초이다. 그리스도의 제자 공동체인 교회는 예수 그리스도의 복음을 구체화한 증인이자 하나님 선교의 가시적인 표현이다. 다시 말해, 하나님의 선교에 대한 우리의 이해는 기독교 신앙, 삶, 사고, 증거의 모든 측면을 형성한다.

따라서 이것은 적지 않은 결과를 낳는 문제이다. 많은 것이 걸려 있으며, 하나님의 선교에 대한 서로 다른 설명은 위에서 언급한 모든 문제와 그에 따른 신학에 대한 접근 방식에 대해 서로 다른 결론을 내릴 것이다. 또한 하나님의 선교에 대한 특정 개념이 명시적이기보다는 암묵적으로 작용하는 경우도 있다. 이럴 때, 이런 암묵적이고 무언의 가정은 신학적 가정에 상당한 영향을 미치지만, 비판적 검토의 대상이 되지 않는다. 나는 성경의 주요 주제에 따라 하나님의 선교에 대한 기본적인 스케치를 제공하고자 했다.

여기서 도전의 일부는 단순히 하나님의 교리에 관한 무수한 견해가 있다는 것뿐만 아니라 성경을 서로 다른 방식으로, 때로는 경쟁적인 방식으로 읽을 수 있다는 것이다. 이런 어려움에도 불구하고, 세상 속에서 하나님의 선교를 굳게 붙잡는 것은 선교적 신학의 중요한 첫걸음이다. 하나님의 선교는 삼위일체에 뿌리를 두고 있으며, 하나님의 영원한 생명에 있는 사랑과 그 사랑이 하나님의 사랑에 반역한 창조 질서 속에서 표현되는 구원을 특징으로 한다.

이 구원을 종종 하늘의 미래를 위한 특정 개인의 구속으로 축소하는 현대 서구 문화의 개인주의적 관점에서 이해해서는 안 된다. 구원이 개인의 구속과 관련되어 있다는 사실을 부정하지 않지만, 이런 개인주의적 접근 방식은 하나님이 전체 창조 질서를 부패의 속박에서 해방하기 위해 행동하시는 하나님 선교의 전체 범위와 장엄함을 인식하지 못한다. 또한 이런 접근 방식은 하나님이 제정하시는 구원이 단순히 죽음 이후의 천국 안식이 아니라 이생의 현재적 실재라는 사실을 인식하지 못한다.

하나님이 의도하신 구원은 인류와 온 우주를 포함한 창조 질서 전체가 죄와 죽음의 세력으로부터 해방되는 것이다. 구원의 초점은 지상에 평화를 구축하는 것이다. 하나님의 구원에 대한 이 포괄적인 비전은 해방, 변화, 새로운 창조, 평화, 화해, 칭의와 같은 성경의 언어와 주제에 담겨 있다. 이 모든 것은 하나님 선교의 중심에 있는 구원하시는 사랑의 표현과 연결되어 있다.

신학에 대한 선교적 접근을 발전시키는 두 번째 요소는 하나님의 선교와 교회의 선교를 연결하는 것이다. 전교회적 합의는 교회가 더 광범위한 하나님의 선교에 참여함으로써 둘 사이 불가분의 관계를 확인했지만, 교회 참여의 정확한 본질을 명시하지는 않았다. 하나님의 선교에 대한 명료한 표현과 마찬가지로, 하나님의 선교와 교회의 선교 사이의 관계의 본질과 그 수반 사항을 확립하려는 시도도 논쟁과 논란의 여지가 있다. 하지만 공통된 개념은 예수 그리스도 안에서 계시된 선교적 하나님의 교회는 그 자체로 선교적이어야 한다는 것이다. 교회는 하나님의 선교에 참여해야 한다. 이런 참여는 세상을 향한 하나님의 사랑의 운동에 교회가 헌신하고 그 운동에 부합하는 증거의 응답을 촉구한다. 선교적 신학은 세상과 하나님의 관계가 하나님의 영원한 성품에서 비롯되며, 따라서 이 하나님의 교회는 하나님의 성품과 의도에 부합하는 방식으로 세상과 관계를 맺어야 한다고 주장한다.

하나님의 선교와 교회의 선교 사이의 이런 연결은 요한복음 20장 21~23절에서 잘 드러난다. "예수께서 또 이르시되 '너희에게 평강이 있을지어다 아버지께서 나를 보내신 것 같이 나도 너희를 보내노라' 이 말씀을 하시고 그들을 향하사 숨을 내쉬며 이르시되 '성령을 받으라 너희가 누구의 죄든지 사하면 사하여질 것이요 누구의 죄든지 그대로 두면 그대로 있으리라' 하시니라." 제자들과 교회는 아버지께서 아들을 보내신 본을 따라 예수님에 의해 세상으로 보내심을 받았다. 예수님을 따르는 사람들은 하나님의 선교를 공동체적으로 이어가도록 부르심을 받았다.

나는 레슬리 뉴비긴이 제안한 명명법을 사용하여 교회의 사명을 간략하게 설명했다. 기독교 공동체는 하나님 나라의 표지이자, 도구이며, 맛보기이다. 교회는 하나님 나라의 표지로 하나님의 형상을 지니고, 하나님 나라의 도구로 그리스도의 몸이 되며, 하나님 나라의 맛보기로 성령님의 거처가 되도록 부름을 받았다는 삼위일체론적 관점을 추가했다. 나는 이 모든 것을 기독교 신앙과 선교의 핵심 실천인 제자 훈련, 전도, 예배와 연결하고자 노력했다.

교회는 예수님의 길을 따르는 제자도를 통해 하나님 나라의 표지로서 하나님의 형상을 지니고, 총체적 복음 전도를 통해 하나님 나라를 선포하고 세움으로써 하나님 나라의 도구로서 그리스도의 몸이 되며, 공동체 안에서 함께 생활하고 하나님을 예배함으로써 성령님의 거처이자 하나님 나라의 맛보기가 되도록 세상으로 보냄을 받았다. 하지만 이런 활동은 항상 성육신적이고 상황적이며, 그것이 시행되는 특정한 시대와 장소를 반영하는 방식으로 구체화한다. 장소와 특수성에 대한 반응으로 인해, 선교는 획일적이기보다는 복수적이 된다. 선교적 신학은 교회가 하나님의 선교에 적대적인 비극적 결과를 초래한 너무 잦은 역사적 선교 방식이었던 식민지화의 패턴에서 벗어나도록 초대한다.

신학에 대한 선교적 접근을 발전시키는 세 번째 요소는 문화 제국주의와 식민지화의 패턴에 저항하면서 하나님의 선교와 교회의 참여를 위해 신학에 대한 우리의 이해를 재구성하는 것이다. 신학의 작업을 계속 형성하는 가정과 직관은 여전히 하나님의 선교보다는 기독교 왕국의 가정과 직관인 경향이 있다. 또한 선교가 특정 신학에서 더 중요한 역할을 하는 경우에도, 일반적으로 전체에 대한 통합적인 모티프가 아니라 더 큰 그림에서 하나의 개별적인 구성 요소로 기능한다. 선교적 요소가 있는 신학에서 선교가 신학적 담론의 중심에 있는 진정한 선교적 신학 개념으로 나아가는 것이 과제이다. 이런 접근 방식은 장소와 상황의 의미를 진지하게 고려하고, 특히 교회의 실제적이고 공적인 표현과 관련하여 교회의 삶과 증거를 지향할 것이다.

이런 재조명을 돕기 위해 나는 선교적 신학을 그리스도의 제자 공동체가 특정한 사회-역사적 상황에서 하나님의 백성으로 살아가는 선교적 소명을 감당하도록 돕기 위해 기독교 교회의 신앙과 실천을 비판적이고 건설적으로 성찰하는 작업에 참여하는 지속적이고, 이차적인, 상황적 학문으로 정의했다.

선교적 신학을 하는 과정은 복음을 믿고 그에 따라 살 준비가 된 공동체의 삶과 증거에서 시작된다. 공동체가 특정한 환경에서 복음을 증거할 때, 복음에 대한 개념을 지속해 형성하고 도전하는 만남과 경험을 하게 된다. 이런 생생한 만남과 경험은 문화적, 신학적 성찰의 출발점이 되며, 그 결과 공동체와 그에 속한 개인이 특정 상황과 도전에 어떻게 대응할지 결정하면서 선교적 행동으로 이어진다. 이 접근 방식은 신학 작업에서 장소와 특수성의 중요성을 강하게 강조한다.

이 지역적이고 근본적으로 상황적인 신학 모델에서, 기독교 전통은 특정한 사회적, 역사적, 문화적 조건과의 관계에서 성경 본문에 기초한 기독교 공동체적 삶과 증거의 특정한 반복으로 이어지는 일련의 복음에 대한 지역적 번역으로 가장 잘 이해된다. 이런 복수의 전통은 성경 해석, 설교, 신학, 예배, 선교의 역사, 신앙고백서나 신조와 같은 과거의 신학적 공식화, 개인의 신앙 표현 및 세계 운동으로서 기독교의 확장과 발전에서 찾아볼 수 있다. 이 모두는 복음의 무한한 번역 가능성과 모든 상황과 환경에 대한 복음의 관련성을 증거한다.

네 번째 요소는 3장에서 설명한 신학적 절차에서 이어지는 선교적 다양성에 대한 신학적 설명을 제공하는 것이다. 어떤 사람들에게는 이 제안에서 가장 어려운 부분일 수 있다. 만약 이것이 사실이라면, 그것은 기독교 공동체의 상상력에 기독교 왕국의 직관이 어떻게 깊이 박혀 있는지를 보여주는 것이라고 제안하고 싶다. 이는 교회가 그 역사의 대부분을 이런 직관과 함께 살아왔기 때문에 어쩌면 이해할 수 있다. 다른 한편으로, 이런 직관은 예수님이 선포한 복음을 조작과 억압의 도구로 왜곡하는 경우가 많았기 때문에, 교회가 근본적인 어려움에 대해 경각심을 가져야 했다. 그리고 교회의 삶에서 적절한 다양성을 억압하려는 시도에도 불구하고, 기독교의 이야기를 특징짓는 것은 획일성이 아니라 복수성이다.

이 복수성의 개념을 발전시키기 위해 나는 하나님의 말씀에 대한 세 가지 이해에 대해 간략하게 설명했다. 하나님의 말씀은 항상 하나님이 행하신 행위 또는 하나님이 말씀하셨고, 말씀하시고, 말씀하실 사건이다. 인간으로서 우리는 성경(성령님의 영감을 받은)과 교회의 삶에서 선포되고 실천되는 성경(성령님의 인도를 받는)을 통해 이 신성한 행위 또는 사건을 만나고 참여한다. 하나님 말씀의 사건에는 계시 자체의 행위, 성경 말씀에 나타난 계시에 대한 성령님의 영감을 받은 증언과 증거, 그리고 교회의 삶에서 성령님의 인도를 받는 그 증거에 대한 선포 세 가지 형태가 있다.

모든 종족과 민족의 교회가 시간과 장소를 초월하여 하나님의 말씀을 받아들이고 상호 작용하기 때문에, 기독교 신앙은 문화적으로나 신학적으로 획일적이지 않고, 오히려 복음을 증거하는 데 있어 문화적, 신학적, 선교적 역동성과 다양성을 특징으로 한다. 유감스럽게도, 부적절한 적대감과 분열의 사례는 많았지만, 기독교의 다양성은 본래 인간의 실패에서 비롯된 것이 아니다. 안타깝지만, 이런 사례들이 교회의 다양성을 위한 궁극적인 근거가 되지는 않는다. 교회가 지금처럼 다양하고 복수적인 모습을 보이는 것은 이것이 하나님의 의도이기 때문이다. 이런 환원 불가능한 복수성은 모든 민족과 상황 속에서 복음을 증거하는 기독교 공동체의 선교적 본질을 반영한다. 이는 기독교 신앙의 특성이자 본질인 선교적 다양성을 만들어 왔고 앞으로도 계속 만들어 낼 것이다.

이 책은 적절한 선교적 신학의 형태는 대화적이고, 타자에 개방적이고 헌신적이며, 토대를 넘어서는 것이며, 전체성에 반대하는 네 가지 특징이 있어야 한다고 주장한다. 이런 신학은 복수성이 우주 설계의 초석인 하나님의 선교에 일치하는 교회의 복수성과 그 신학적 전망을 보존하고 증진하기 위해 노력할 것이다.

이런 신학에 대한 선교적 접근을 확립하는 다섯 번째 요소는 하나님이 의도하신 복수성 속에서 선교적 연대에 대한 설명을 제공하는 것이다. 교회의 증거가 복수성과 다양성을 특징으로 하고, 또 그래야만 한다면, 교회의 연합을 어떻게 이해해야 할까? 역사 속에서 눈부시게 다양한 형태로 구현된 다양한 교회에서 기독교 공동체의 연합을 어떻게 생각할 수 있을까? 성경은 한 신앙의 다성적 특성을 증거하는 동시에, 교회의 연합을 선포한다. 복수성과 자유가 분쟁과 폭력으로 변질할 위험에 대응하기 위해, 구약성경과 신약성경은 모두 연합의 선함과 중요성을 강조한다. 하지만 이런 일치와 연대는 어디에서 찾을 수 있을까?

어떤 사람들은 이런 연합을 역사적 기독교 신앙의 공통된 교리적, 교회적 헌신에서 찾을 수 있다고 주장한다. 하지만 이런 개념은 역사상 신앙의 실제 다양성뿐 아니라 기독교 왕국이 형성한 연합을 확보할 수 있었던 수단과 관련하여 문제가 있는 것으로 보인다. 실용주의, 권력, 강압에 기반한 연합은 예수님이 요한복음 17장에서 기도하신 하나됨이 아니다. 우리는 기독교 공동체 간의 역사적 연관성, 일부 공동 실천 사항의 본질적 연속성, 예수님의 주되심에 대한 기본적인 헌신과 관련된 특정 측면에서 공통성의 근거를 찾을 수 있다.

신학적 실천적 관심사, 본질적 연속성, 기독론에 대한 공의회의 가르침에서 발견되는 공통점도 유익하지만, 나는 교회에서 연대의 가장 중요한 근거는 궁극적으로 그리스도의 지속적인 임재, 성령님의 사역, 하나님의 선교에 참여함, 사랑의 방식에서 찾을 수 있다고 제안한다. 우리가 개인과 공동체의 자기희생적 사랑을 통해 세상을 구속하려는 그리스도의 선교에 참여할 때, 함께하시는 그리스도의 임재에 대한 약속을 경험한다. 성령님의 은사와 증거를 통해, 예수 그리스도는 기독교인의 삶과 섬김의 모범이 되실 뿐만 아니라 기독교 공동체 안에서 살아계신 임재이시다. 그렇지만 기독교 공동체에 연대를 제공하는 바로 이 임재는 교회의 선교적 다양성에 따라 다양한 방식으로 경험되기도 한다.

그리스도 안에서 함께 연대할 때 나타나는 상호의존적 특수성은 모든 시대와 장소의 교회가 하나님의 선교에 온전히 참여하고 예수 그리스도의 복음을 각자의 고유한 방식으로 증거할 수 있도록 자유를 준다. 어떤 개인, 교회, 공동체, 교단도 해야 할 말을 모두 하거나 해야 할 일을 모두 할 수는 없다. 하나님의 의도가 실현되고 세상에 드러나는 것은 전체의 공동 노력과 증거를 통해서만 가능하다. 우리는 이 증거를 혼자서 감당할 수 없다. 그것은 우리에게 의도된 바가 아니다. 우리는 서로가 필요하다. 그렇지 않을 수 없다. 우리는 하나님 나라의 표지, 도구, 맛보기로서 삼위일체 하나님의 형상을 세상에 드러내도록 부름을 받았다.

나는 여기에 제시된 다섯 가지 요소가 선교적 신학에 대한 실질적인 소개를 제공한다고 믿지만, 모든 지점에서 훨씬 더 많은 것을 말할 수 있고 또 말해야 한다는 것도 알고 있다. 아마도 이 요소 중 일부는 반박과 수정이 필요할 수도 있다(한꺼번에 다 맞지는 않을 것이다). 의심할 여지 없이 더 발전하고 입증해야 할 것이 많다. 교회와 학교에서 소위 선교적 전환이 이루어지려면 훨씬 더 많은 작업이 필요하다. 내가 보기에, 선교적 교회 운동의 출현을 맞이했던 초기의 열정은 신학적 관여의 상대적 결핍으로 인해 많이 사라졌다. 일부 예외를 제외하고, 대부분의 대화가 교회 성장을 위한 또 다른 실용적인 노력에 지나지 않게 되었다. 이것이 많은 사람이 선교적 운동이 왔다가 사라졌다고 믿는 이유를 설명해 준다.

물론 나는 그렇게 생각하지 않는다. 하나님의 선교를 위한 신학은 교회를 계속해서 개혁할 수 있는 잠재력을 가지고 있으며, 복음에 대한 증거와 하나님의 선교에 참여하는데 더욱 충실하도록 교회를 부르고 있다. 선교적 신학은 모든 종족과 민족의 모든 사람이 신학의 방향에 몫이 있고 모두가 교회와 세상이 귀를 기울여야 할 기여가 있다는 깊은 인식을 하고 그들을 신학의 거대한 대화의 장으로 초대한다. 이 지속적인 작업에서 과거와 현재의 목소리가 공유되면서, 모든 것이 활기를 띠고 새로워진다. 이런 포용적 개방성은 선교적 신학의 실천에 핵심이다. 또한 모든 사람이 충분하고 누구도 두려워할 필요가 없는 세상을 실현하는 데 필요한 출발점이기도 하다.